Rolf Friedrich Schuett

Herren tut es leid, Knechten tut es weh

Die Unterschicht in Klassengesellschaften

Rolf Friedrich Schuett

Herren tut es leid, Knechten tut es weh

Die Unterschicht in Klassengesellschaften

Books on Demand

Bibliographische Information Der Deutschen Bibliothek:
Die Deutsche Bibliothek verzeichnet diese Publikation
in der Deutschen Nationalbibliographie; detaillierte
bibliographische Daten sind im Internet abrufbar über
http://dnb.ddb.de

Herstellung und Verlag :
BoD – Books on Demand, Norderstedt

Printed in Germany

ISBN 978-3-7543-1333-6

INHALT

Für Elke
in Liebe und Dankbarkeit

Der Sklave ist die Wahrheit seines Herrn

Wer ist schlecht genug, um Knecht zu sein?

Das Selbstbewusstsein der Herren bestimmt
das Unterbewusstsein der Knechte.

Natürlich sind wir Atheisten. Vorm HErrn
wären Herren und Knechte ja gleich.

Knechte müssen objektiv sein,
Herren dürfen subjektiv sein.

Ohne Fleiß des Knechtes kein Preis des Herrn,
und nicht jeder hat seinen Fleiß.

Selbstbeherrschung wäre gut,
wenn es da keinen Knecht gäbe.

Religion heißt nicht, dass Herr und Knecht
sich im Unendlichen treffen werden.

Damit der Knecht sich selber zur Arbeit antreibt,
lässt man ihn heute sein eigener Herr werden.

Herren regieren nur auf unausdrücklichen Wunsch
ihrer Knechte, Sklaven machen Revolutionen nur
auf ausdrücklichen Wunsch schwacher Herrscher.

Ein Deutscher gilt als Mensch, der nicht einmal
seinem Herrn in den Hintern zu kriechen wagt,
sondern nur dessen Dienern.

Selbstmord ist verboten,
weil ein toter Diener ein unnützer Diener ist.

Für manche Mörder wäre es Strafe genug,
mögliche Opfer als Sklaven halten zu müssen.

Die Internationale der Sklavenhalter
erkämpfte sich ihr Recht auf Menschen.

Ob eine Sklavenhalterwirtschaft nun griechische
Kultur hervorbringt oder nie, Kulturlosigkeit und
Multi-Kulturlosigkeit ist immer zu rechtfertigen.

Sklaven bedanken sich für Herren,
die ihnen etwas schenken, und danken Herren,
die sich von ihnen etwas schenken lassen.

Wer den HErrn fürchtet, fürchtet nicht die Herren –
fürchten die Herren.

Gegen den *Positivismus* spricht, dass jemand,
der sich nicht selbst widerspricht, damit noch nicht
seinen Herren widersprochen hat.

Einst wähnten wir, etwas für andere zu tun,
das wir im Grunde für uns selber taten.
Heute glauben wir, für uns selbst zu tun,
was wir in Wirklichkeit für unsere Herren tun.

Die Natur beherrscht uns durch unsere Illusion,
sie zu beherrschen, doch wir beherrschen sie nicht
durch ihre Illusion, uns zu beherrschen.

Es ist noch kein freier Mann, wer zu mittelmäßig ist,
seinen Herren als Mittel zum Zweck zu dienen.

An Mördern wollen wir bestraft wissen,
dass *wir* uns beherrschen mussten.

Kaiser Nero sah sich als verhinderten Künstler. Er wusste, was für verhinderte Herrscher Künstler sind.

Der feine Herr macht seine Perle zur Sau,
die er ihr vorwirft.

Wenn es wenigstens noch Herren-
und Übermenschenfresser gäbe!

Der Staat ist ein herrliches Mittel der Herrschaft weniger über alle, die sich nicht selbst beherrschen können, in deren Auftrag.

Die Herren im Hause des HErrn leben herrlich
und in Freudenhäusern.

Wo einer nicht herrschen kann,
fühlt er sich auch schon verfolgt.

Ein Geschlecht beherrscht das andere dadurch,
dass es sich von ihm beherrschen lässt.

Selbstbeherrschung gilt heute als herrschende Form
der Anästhesie und depressiven Autoaggression.

Die Herrscher aller Länder arbeiten
an der Begrenzbarkeit des Atomkriegs
auf Arbeitssklaven aller Länder.

Das Revolutionärste an dem gemeinen Volk ist sein Traditionalismus, und das Reaktionäre an den Herrschenden war immer ihre fortschrittliche NeuGier.

Ein Herr tut alles, um nichts tun zu müssen,
als sich alles zu leisten, um nichts zu leisten.

Bediene dich deiner eigenen Gefühle, doch
lass dich von deinem Verstand beherrschen.

Selbstbeherrschung wird erträglich,
weil sie auch Selbstbedienung ist.

Für kleine Herren gibt es keine großen Diener.

Herren tut´s leid, Knechten tut´s weh.

Wo Freiheit herrscht,
herrscht sie auch über uns.

Ist es herrlich oder dämlich, dass Damen nun herrlich und Herren nur dämlich sein sollen?

Herrscht heute ein Imperialismus anti-imperialistischer Grundsätze?

Lieber ein Diener des größten Ganzen als sein eigener Herr über kleinste Parzellen?

Du stehst wirtschaftlich besser als dein Knecht und moralisch besser als dein Herr.

Nur als Sklave deines Herrgotts würdest du deiner Herren Herr.

Niederste Lohn- und Dienstleistungssklaven wurden wieder höchste Luxusartikel.

Paria oder Parvenu. Man beutet keine Arbeitssklaven mehr aus, sondern ihre Befreiung selbst und macht Arbeit und Handeln zum *Neg-otium*.

Dumme Sklaven zeigen ihre früheren Besitzer an.

Sklaventreiber befürworten Abtreibungen
und Kinderkrippen zugleich : Man fürchtet
zu viele ebenso wie zu wenige Knechte.

Wir kopieren sklavisch die modernen Originalitäts-
und Befreiungsformen.

Das waren noch Zeiten, als man Sklaven befreien
konnte, indem man Sklavenhaltern Höllenangst
machte.

Man züchtet sich realistische Praktiker,
d. h. ideale Sklaven.

Die Reichen tolerieren die Armen
und die Herrscher ihre Sklaven.

Selbstbestimmung ist Selbstvermarktung
ist Selbstversklavung heute.

Effizienzzwang, nie Humanität, befreite die Sklaven

Sklaven schufen Adelsmuße,
Maschinen schaffen Bürgerfleiß.

Der Mittelständler wird als Sklave gehalten,
der Sklaven halten darf.

Revolution beginnt mit schreibenden Sklaven
und endet nicht mit fernsehenden *Shoppern*.

Sklavenhalter wurden Sklavenunterhalter,
die sich damit amüsieren, sie zu amüsieren.

Freiheit : Wahlmöglichkeit
zwischen beliebigen Sklavereiformen.

Knechte tragen Differenzen,
Herren Differenzierungen aus.

Lux et crux. Den Knechten widersteht der Herren subjektiver Wahn, den Herren nur des Herrgotts objektive Wahrheit.

Der Herr schaut, der Knecht baut:
Akteure dienen, Zuschauer verdienen.

Gesellschaft heißt:
„Mein Herr, Sie sind mein Knecht!“

Superreich ins Himmelreich? Christentum
war die Idee, dass der Knecht mehr wert sei
als (sein Preis für) die Herren.

Knechte müssen ihrem Herrn beweisen,
dass er es gut mit ihnen meint.

Herren haben sich noch nie totgelacht.
Knechte hatten zu wenig Witz.

Der Herr toleriert den Knecht – als Knecht.

Man befreit sich von einem Herrn,
um sich einen herrlicheren zu suchen.

Deine Stimmung stimmt stets der Stimme deines
Herrn zu, die über deine Befindlichkeiten befindet.

Herr ist, wer das Opfer fordern kann,
dass andere ihre Forderungen opfern.

Alte Köpfe sagen nein,
indem sie unbeherrscht wackeln.

Man soll mehr als zwei Herren dienen
und sie gegeneinander ausspielen.

Demokratie : Selbstbeherrschung des Volkes.

Lasst lieber den frei,
der sich selbst beherrschen kann!

Moderne Freiheit ist Beherrschtsein von Launen
und fixen Lieblingsideen.

Herrscht eher organisiertes Chaos
oder anarchistische Sphärenharmonie?

Wissen ist Macht:
Wissenschaften sind eine Sache der Herrschaften.

Es herrscht Krieg oder Frieden und Freiheit,
aber immer über Menschen.

Poesie und Philosophie haben den herrlichen Sinn
und Nutzen, dass man für Herrschaften sinnlos
und unnütz wird.

Wahrheit ist die einzige Tyrannei,
die den Beherrschten frei macht.

Man beherrscht am liebsten jene,
die sich nicht beherrschen können.

Wer gesellschaftlich herrschen will,
ist von der Gesellschaft schon beherrscht.

Wer sich nicht selbst beherrschen kann,
will sich aber selbst bedienen.

Die Herren wollen nur noch die anstellen,
die sich nicht so anstellen.

Gemeinsamkeit durch Gesellschaft ist eine
unbeherrschbare Komplikation der Einsamkeit.

Die Reichen tolerieren die Armen
und die Herrscher ihre Sklaven.

Niederwerfung von Herren glückt nur
als Niederwerfung vorm HErrn.

Ohne herrschende Stände
herrschten die herrlichsten Zustände.

Selbstbeherrschung ist die einzige
gesetzlich erlaubte Tierquälerei.

Sei zu klein, um zu herrschen,
und zu groß, um beherrscht zu werden.
(Ausnahme : Selbstbeherrschung)

Die Gesellschaft ist die Krebszelle der Familie, und
Demokratie wäre die Herrschaft von Familienvätern
über Landesväter.

Gerecht : Wer nicht Herren dient,
die zu nichts dienen, verdient nichts.

Selbstbeherrschung verletzt die Menschenrechte.

Wenn Vater Staat nicht herrscht, dann herrscht
nicht markige Freiheit, sondern freier Markt.

Der Feigling zeichnet sich aus durch den Mut,
der Schlaukopf durch die Klugheit seiner Sklaven.

Nur Selbstbeherrschung hat nichtautoritäre Autorität

Ein Sklave der Geliebten wird der Gesellschaft Herr

Wo Demokratie ist, herrscht nicht die Mehrheit der Armen, Erniedrigten und Beleidigten.

Entweder ist der Herr ein Mensch und sein Knecht ein Vieh oder der Sklave ein Mensch und sein Boss ein Gott.

Der Kopf erzeugt die Ideen, die ihn beherrschen.

Geherrscht hat immer nur,
was längst ausgedient hat.

Manchen Herrn würde man nicht mal
als Knecht nehmen.

Der Aphoristiker ist ein Herr, der sich kurzfassen kann, oder ein Knecht, der sich kurzfassen muss.

Christen waren Sklaven, die Sklaven befreiten.

Der Christ kann seinen Herrn beherrschen,
indem er zwei Knechte zugleich bedient.

Einst gab es Familien ohne Sex,
heute dominiert Sex ohne Familien.

Tyrannei herrscht, da Freiheitskämpfer gewöhnlich
nur frühere Freiheitskämpfer bekämpfen.

Schon lange herrschen hier Frieden und Freiheit.
Sie dienen zu nichts.

Machen Zehn oder 614 Gebote
den Herrgott berechenbar?

Selbstbeherrschung : Wer beherrscht, bedient,
und der Letzte ist der Erste.

Auch der Weltuntergang dient nur
der Welteroberung.

Der Herr (an)erkennt nicht, dass er ein Ausbeuter
ist, der Knecht aber, dass er ein Ausgebeuteter ist.

Der Mensch beherrscht als Sklave Gottes die Welt
und dient als Satans Dom- und Kammerherr.

Wer nicht seiner Schwächen Herr wird,
wird Sklave seiner eigenen Macht.

Es herrscht keine Freiheit,
sondern Herren sind zu frei.

Der Herr kann sich kurzfassen, weil Kommandos kurz sind; der Knecht muss sich kurzfassen, weil er nichts zu sagen hat und nicht langweilen soll.

Knechte sind verhinderte Herren und Herren verhütete Knechte, aber wer hindert wen?

Staatsdiener gehen vom Stillstand und Ruhestand in den gutverdienenden Ruhestand.

Utopie : Arbeitssklaven, die Marx und Adorno lesen und schriftlich kommentieren.

Als frei gilt nun der Sklave seiner Triebe, als unfrei, wer seinem Gewissen folgt und sich beherrscht.

Du folgst stets nur deiner eigenen Natur, du Sklave?

Der Sklave kann das Licht anknipsen,
ohne etwas von Elektronen zu verstehen.

Linke suchen nun Sklaven durch unterhaltsame
Befreiungstheorien zu fesseln.

Der freie Mensch folgt sklavisch seinen Vorlieben,
der begabte seinen Naturtalenten.

Ein Herr macht sich dir geneigt,
ein Knecht gebückt.

Was du allein wahrnimmst, ist dein Interesse
– an dem deiner Herren.

Um nicht beherrscht zu werden, würdest du lieber
selber herrschen als Herrschaft abgeschafft wissen.

Kant wird Herr über alle Erscheinungen,
weil er Sklave der Dinge an sich bleibt,
aber wäre er Sklave der Erscheinungen,
wenn er Herr über das Ding an sich würde?

Seit Technik die Naturbeherrschung übernahm,
ward Kultur ein arbeitsloses Hobby.

Wer steuert meine freie Wahl stärker,
mein eigenes Hirn oder das meines Herrn?

Die sozialen „Apparate“ beherrschen uns:
Sie geben mir beliebte technische Apparate,
um mich beliebige Dinge beherrschen zu lassen.

Wer eine vorherrschende Sprache beherrscht,
hat noch lange nichts zu sagen und kann noch
lange nicht mitreden.

Wir müssen Kulturtechniken beherrschen
lernen, um uns von kultivierten Menschen
beherrschen lassen zu können.

Es gibt kein herrenloses Gut mehr,
erst recht nicht unter Menschen.

Von den Herren der Welt befreit nur
ein Herrgott. Seit er totgesagt ist, reden
uns viel grausamere Herrschaften ein,
uns nur von Ihm befreit zu haben.

Der Schöpfer in der Natur? Wer sie beherrscht, beherrscht nicht ihn.

Möchtegernherren sind Freiheitsnarren,
und Narrenfreiheit genießen nur Herrscher.

Wer lieber Herr auf dem letzten Stern
als Knecht im Mittelpunkt der Welt ist,
soll sich von *Kopernikus* gedemütigt fühlen?

"Es gibt keine absolute Wahrheit" über uns,
sagen die absoluten Herrscher.

Man ist gesellig, weil man ohne Knechte nicht leben will, asozial, weil man mit Herren nicht leben will.

Diktatur meint Herrschaft über Sklaven, Demokratie meint Herrschaft über freie Menschen.

Knechte legen sich die Lasten auf,
Herren legen sich auf die Lasten.

Wer den HErrn nicht ehrt, ist seiner Herren wert.

Diktatur herrscht dort, wo die Polizisten
gefürchteter sind als die Verbrecher.

Ein Christ will lieber Sklave im Himmel
als Herr der Hölle sein.

Wer die Natur beherrscht, macht sie zunichte,
so dass er über nichts, also gar nicht herrscht.

Absolute Herrscher strafen
durch erteilte Absolutionen.

Demokratie keimt, wo der Mensch zerfällt
in neureiche Herren und geistreiche Knechte.

Schweigen (des Knechts) ist Gold (des Herrn).

Herren lieben lange Reden und kurze Kommandos.
Knechte sollen sich kurzfassen und doch nicht
in Bonmots reden.

Kann ein Knecht das Unrecht seines Herrn
je wiedergutmachen?

Der Mensch beherrscht wie jedes Tier die Natur,
indem er sich von seiner Naturbeherrschungsart
beherrschen lässt.

Herren predigen Sklavenmoral,
und Knechte tragen Herrenmode.

Wer sich einer Sache bedient,
beherrscht ihre Ursache.

Fortschritt herrscht, wo keiner
seinem eigenen Wachstum gewachsen ist.

Wer sich beherrschen kann, will zeigen,
dass er nicht beherrscht wird.

Ein Diktator ist ein Mensch, dessen Niederlage
nur möglich wird durch Niederwerfung des ganzen
Landes, das er beherrscht.

Ein Knecht des HErrn kann
kein Knecht der Herren sein.

1789 : Brüderlichkeit kennen nur ungleiche Sklaven.

Sklaven zünden nur noch ihre Zigaretten an
statt *ihre* Fabriken.

Gesellschaft ist Leidenschaft für Herrschaft
einer Mannschaft durch Seilschaft, Machenschaft
und Wissenschaft.

Hegel : Wer sich vor Herrschern bückt,
kann vom Grund und Boden der Tatsachen
alles dreifach aufheben.

Fern vom Herrscher irrt man, nah am Herrscher
lügt man, und ohne Herrscher sagt der Wahrhaftige
auch nicht viel Wahres.

Absolutistisch wird auch Herrschaft,
die alles relativiert.

Wer Menschen beherrscht, indem er ihnen dient,
ist noch kein Christ.

Die Maschine erhält nun vom Bediener,
was der Blaumann vom Kaufmann
und der Kaufmann vom Edelmann forderte.

Wer die Herrschaft ewigen Friedens will,
verewigt die Tyranneien.

Wer sich beherrscht und besiegt,
ist sich unterlegen und unterworfen.

Man bedient eine Maschine –
wie der Diener seinen Herrn.

Philosophen mussten in der Antike Sklavenhalter
und wollen in der Neuzeit nur Staatsdiener sein.

Soziale Marktwirtschaft : Lieber ein Automaten-
bediener am Band als ein Kammerdiener am Hofe.

Staatsdiener haben Formulare
auch für unsittliche Anträge.

Jeder Knecht findet seinen Knecht,
und ein Knecht ist, wer einen hat.

"Der Mensch ist das Maß aller Dinge."
Dann ist der Arbeitssklave ein Unmensch.

Früher konnten Leibeigene geistig frei bleiben,
heute müssen freie Bürger Arbeitssklaven sein,
die selber Sklaven halten.

Dass die Weltgeschichte eher Hochkulturen mit
Arbeitssklaven als jeden Sklaven mit friedlicher
Muße versorgt, scheint keinen Historiker wert.

Freie Menschen werden nicht mehr gehandelt
auf dem Sklavenmarkt, sondern
auf dem freien Arbeitsmarkt.

Der alte Grieche hatte Sklaven, damit er ruhig
philosophieren konnte. Der junge Europäer hat
Maschinen, damit er sie hektisch bedienen kann.

Ein Sklave seines Körpers will lieber krank
sündigen als gesund vegetieren.

Kleinbürger nennt sich der Edelsklave,
der sich zum Lohn Lohnsklaven halten darf.

Es ist das Ziel jeder Versklavung, sie unfühlbar
zu machen – Sklaven wie ihren Haltern.

Proletarier aller Länder, verein-zelt euch!

Was ist der Unterschied
zwischen *Aussteigern* und Proleten?
Die einen wollen ein einfaches Leben führen,
die anderen müssen.

Utopie : Proletarier aller Länder, einigt euch
auf den vierundzwanzigstündigen Geistesarbeitstag!

Proletarier aller Länder, (arbeiterbildungs)vereinzelt
und zerstreut euch, bevor die Volksfeinde
und -freunde aller Länder sich einigen!

Proletarier aller Länder, einigt euch erst einmal,
(jeder ein einzelner) Proletarier zu sein!

Was ein Proletarier nur für sich selbst täte,
täte er für die ganze Menschheit. Was ein Bürger
für die Menschheit tut, tut er nur für sich selbst.

Die Herrscher aller Länder arbeiten
an der Begrenzbarkeit des Atomkriegs
auf Proletarier aller Länder.

Solange Arbeitsfriede herrscht,
wird Leben geführt wie ein Krieg :
Der Bürger krempelt die Ärmel
des Arbeiters hoch und legt sein Geld an (auf ihn).

Bürger gehen auf die Straße,
Arbeiter liegen schon dort.

Psychologen und Soziologen wollen nur heraus-
bekommen, wie man aus Arbeitern mehr heraus-
bekommt, ohne dass die das herausbekommen.

Ein Arbeiter ist der Mensch,
der sich einer Maschine bedient,
die sich des Menschen bedient,
der sie bedient, um Gegenmenschen zu bedienen.

Links am Arbeiter sind nur noch seine zwei Hände.

Kein Arbeiter kann Bücher so verachten
wie ein Intellektueller.

Ja, der Arbeiter bekommt jetzt etwas mehr,
als zur 'Reproduktion der Arbeitskraft' nötig ist.
Mehr nicht.

Wenn der Arbeiter schon kein reicher Produktions-mittelbesitzer ist, sollte er wenigstens kinderreicher Reproduktionsmittelbesitzer sein und geistreicher.

Sollen die Intellektuellen doch alle aufs Land gehen. Wenn nur die Bauern auch Überbauarbeiter werden wollten!

Arbeiter haben Material in dreckigen
und sind Material in sau-beren Händen.
Sie sollten endlich mal ihr Menschenrecht
auf Freizeit für Geistesarbeit einklagen!

Der 'Arbeiter der Faust' habe die Stirn,
'Arbeiter der Stirn' zu werden,
um ihn zum Teufel zu schicken, ans Fließband.

Proletarier in Demokratien sind Sklaven
mit allen bürgerlichen Rechten.

Wer Arbeiter beschäftigt, will Mitarbeiter sein,
wenn er Beschäftigte bearbeitet.

Arbeiter der Faust zeigen *Arbeitern der Stirn*
die Faust, statt ihnen die Stirn zu bieten.

Der Klassenkampf von großbürgerlichem
Kapital und proletarischer Fabrikarbeit
basiert auf dem Konkurrenzkampf
mittelständischer Labors um Steuermittel.

Das Materielle, das bei *Ernst Bloch* der Prolet
in die Hand bekommt, ist nicht bares Finanzielles,
sondern nur beseeltes Arbeitsmaterial.

Linke, die die *Innerlichkeit* verteufeln,
wollen Arbeiter am Nachdenken hindern.

Der Bürger träumt von Gemeinschaft, die das
Volk immer hatte. Der Arbeiter träumt nie von
Individualität, die der Bürger nur noch simuliert.

Handarbeitern kracht die Schwarte,
damit Kopfarbeiter Schwarten lesen.

Hat es sich eingebürgert,
dass Bürger sich endlich verarbeiten,
ohne dass Arbeiter verbürgerlichen?

Seit Karl Marx sind Proletariermassen
zu Kleinbürgerschichten glänzend verelendet.

Lumpenproletarier, die Marx aus seiner Leibklasse feuerte, lud Jesus in sein Himmelreich, aus dem Mutter Kirche sie wieder vertrieb.

Fabrikarbeiterlungen sind die besten Schadstofffilter für Mittelstandslungen.

Die Arbeiterklasse schrieb noch nie Klassenarbeiten.

Nach der Abschaffung der Arbeiter durch Maschinen werden Klassenkämpfe schärfer zwischen Buch und Bier.

Im Kommunisten bekämpfte man den Arbeiter und im Arbeiter oft den Maschinenstürmer.

Arbeiter stehen vor Marxisten oft elender als vor Bürgern.

Der Sozialismus scheiterte beim Versuch, das Proletariat mit der Diktatur des Industrialismus zu versöhnen. Maschinenstürmer wären nie Kommunisten oder ihre Opfer geworden.

Erst Nomaden gegen Sesshafte, dann Arbeiter gegen Bürger, nun Einheimische gegen Ausländer.

Die Arbeiterin *emanzipiert* sich von Familienbanden für das Fließband.

Werden schon mehr Bürger von Proletarisierung bedroht als Arbeiter von Verkleinbürgerlichung?

Proletarier von morgen leben *für* und nicht
von Kunst und Kultur, doch sie leben *von*
und nicht *für* Fabrik-Arbeit.

Proletarier aller Länder, vereinzelt euch,
aber zerstreut euch nicht!

Wären Bürger, die Maschinen stürmen,
so dumm wie Arbeiter, die sie nicht sabotieren?

Die aufgestiegene Sozialdemokratie zerfiel
prekär in aufgestiegene und prekäre Arbeiter.

Bürgerkunst adelte Bauer, Hirt und Arbeiter,
aber nie Intellektuelle und Stubengelehrte.

Konsumistisches Manifest :
Proletarier aller Länder, zerstreut euch!
Kommunikationsmanifest :
Kontraletarier aller Vaterländer, einigt euch!
Kommunionsmanifest :
Trauerarbeiter aller Länder, verallgemeinert euch!
Kommunales Manifest :
Vereinsmeier aller Bundesländer, vereinzelt euch!

Seit Soziologen den Proletarier totsagen,
kann der sich erholen statt erheben.

Niemand macht sich die Hände schmutziger
als reine Kopfarbeiter.

Links sein heißt, sich für Schwache stark zu machen
und keine Schwäche für die Starken zu haben,
also an einer Idee von proletarischer Sozialrevolution festzuhalten und nicht am sozialistischen Materialismus einer bürgerlichen Popkulturrevolution.

Viele Kulturproleten beherrschen wenige geistreiche Köpfe. Dieses Elend fand noch keinen Marx.

„Deutscher Sozialismus“ 1968 war eine unverdiente Erhebung von Bürgerkindern in den Proletenstand.

Arbeiterklassenprimus. Bürger kommen auf Ideen, Proletarier dafür auf.

Paria, Penner, Bettler, Bummler, Outcast,
Faulpelz, Obdachloser, Stromer, Streuner,
Landstreicher, Schnorrer, Prekarier,
Taugenichts, Habenichts, Tagedieb, Armer,
Tippelbruder, Saufbold, Tramp, Klinkenputzer,
Lumpenpack, Lumpenproletarier, Lumpensammler,
Lumpengesindel, Knacki, Knoten und Straubinger,
Bohème, Eckensteher, Arbeitsloser …

Sozialismus war kein Weg vom Mitbürger
zum Mitarbeiter, doch rechte Proleten
sind Spießbürger, linke Bürger Spießarbeiter.

Proletarier, *Prolls,* Prekariat, Plebs, Paupers,
Unterschicht, Masse, Knoten, Leibeigene,
Arbeitskräfte, Arbeitssklaven, Arbeitnehmer,
Drecksarbeiter, Malocher, Lohnknechte,
niederes (gemeines) Volk, Werktätige, Fabrik(l)er,
Blaumänner, Fließbändler, (Hand-)Arbeiterklasse,
Lohnempfänger, Tagelöhner, Kulis, Arbeitstiere,
Arbeitspferde, Hörige, Gesinde(l), Bedienstete,
Domestiken, dienstbare Geister, (Haus-, Leib-,
Kammer-)Diener, Lakaien, Butler, Dienstboten,
Hiwis, Besorger, Untertanen, Untergebene,
Hausburschen, Faktotum, Reinigungskraft,

(Dienst-, Stuben-, Haus-)Mädchen für alles, Stallmagd, Haustochter, Perle, Minna, Aufwärterin..

(Monopol-)Kapitalist, Imperialist, Börsenkönig, Plutokrat, Krösus, Tycoon, Besitz- und Bildungsbürger, Ausbeuter, Unternehmer, Unterdrücker, Oberschicht, Mittelstand, Oberklasse, Geldmann, Kaufmann, Pfeffersack, Vorsitzender, Vorgesetzter, Geschäftemacher, Blutsauger, Leuteschinder, Profiteur, Wucherer, Industrieller, Klassenfeind, Fabrikant, Fabrikherr, Schlotbaron, Arbeitgeber, Bourgeois, Brötchengeber, Sklavenhalter, Oberhaupt, Gebieter, Regent, Machthaber, Gewaltherrscher, Potentat, Landesvater ...

Kant und Hölderlin arbeiteten lange als Hausdiener; Sklaven werden noch lange nicht Geistesarbeiter.

Unterwelt : Die Neue Mitte nimmt es der armen geschundenen Mitwelt und gibt es der armen geschundenen Umwelt. Man schont die grüne Natur und plagt die menschliche Natur ihrer Bearbeiter.

Arbeiter unternehmen endlich etwas : Unternehmer sind jetzt Mitarbeiter. Arbeitnehmer wurden Sozialpartner, Arbeiter sind Staatsbürger, Besitzbürger wurden Kollaboranten.

Mit „Arbeiter- und Bauernstaat“ verschwanden
auch Arbeiter und Bauern hinter Sozialarbeitern,
Trauerarbeitern, Networkers und Biogärtnern.

Das 19. Jh. schuf den gebildeten Arbeiter,
das 20. den halbgebildeten Bürger,
das 21. den reichbebilderten Mitarbeiter.

Ein Sozialist ist nun, wer aus dem Antikapitalismus
Kapital schlägt, und bliebe aktuell, wenn Arbeiter
sich das alles selbst ausgedacht hätten.

Praxis ist Getue mit Prädikat. *Literatur
der Arbeitswelt* will den Arbeiter von allem befreien
– außer von der humanisierten Fabrikarbeitswelt.

Linke leben nun in der arbeiterklassenlosen
Gesellschaft und verfolgen die Reichen
noch in den Geistreichen.

Sozialgerecht : Erschöpften Arbeitern wird
der abgeschöpfte Mehrwert stets heimgezahlt.

Arbeiter sind Menschen und Maschinen,
weil sie beides bedienen.

Das einzige Band zwischen Gastarbeitern
und inländischen Arbeitern sei das Fließband,
sagen Unternehmer.

Unternehmer übernehmen Arbeiter, Arbeit(nehm)er
übernehmen sich und unternehmen nur Ausflüge.

Wer Arbeiter anspricht, sich mal frei auszusprechen,
hat die gute Ausrede, dass die unsagbar schlechte
Aussprache gegen sie spricht.

Handarbeiter handeln nicht – sie werden gehandelt.
Kopfarbeiter arbeiten nicht, Köpfchen lässt arbeiten.

Das Schreiben ist die Handarbeit der Kopfarbeiter,
aber noch nicht die Kopfarbeit der Handarbeiter.

Schreiben Verliebte *solche* Gedichte,
sind sie besser verhasst als verliebt.

Wenn die Oberschicht in ihr Unterbewusstsein fällt,
sollte die Unterschicht in die Hochkultur aufsteigen.

Reiche Weltreiche oder geistreiche Unterarme?

Auch Armut sei ein Verfassungsbruch.

Arme sind emissionsarme Zwangsökologen.

Die Freiheit schützt Reiche immer,
das Gesetz die Armen immer seltener.

Reiche werden erst ärmer, wenn Arme aufhören,
reicher werden zu wollen.

Reiche müssen sich amüsieren,
obwohl sie amusisch sind, die Armen.

Monogamie ist nur noch die Sexklusivität
der Armen.

Philosophie beruht auf dem Fehlschluss,
dass Reiche mit der Armut mehr anfangen könnten
als Arme mit dem Reichtum.

Unter Reichen gibt es Geistreiche und Königreiche,
unter den Armen nur Oberarme und Unterarme.

Der Arme hat wenigstens noch sich selbst,
der Irre nicht einmal das.

Reicht dein Reichtum immer noch nicht,
dir Armut leisten zu können?

Das Geld liegt auf der Straße. Der Arme auch.

Reiche sind Raubtiere, Arme nur Mundraubtiere.

Ein Christ, der sich nicht bereichern will,
um durch Armenhilfe eine arme Kirchmaus
werden zu dürfen, ist ein armer Teufel.

Gott kommt in den Himmel, das ist so sicher
wie die Armen in der Kirche.

Heimat ist unheimliches Eigenheim der Enteigneten.
Die Welt ist gerecht : Macht sie den einen arm,
macht sie den anderen reich.

Intelligenz ist Intuition in Zeitlupe, und Intuition
ist die Allwissenheitsquelle der geistig Armen.

Armut sollte Besitz aller unbezahlbaren Dinge sein.

Ich wurde nicht deshalb nie bestohlen,
weil ich arm bin, sondern bin ein armer Mensch,
weil ich nie bestohlen wurde.

Moderne Humanisten sind Leute,
die Armen ein Leben in Saus und Braus empfehlen.

Guter teurer Rat an die Armen :
Mehr Sein als Scheine, bitte!

Arme haben ihren Hunger so satt
wie unsere bildungshungrigen Reden über ihn.

Vor Gott muss auch der Arme gut sein,
vor Gottlosen genügt es,
dass sie zum Armen nicht gut waren.

Eine misslungene Revolution schadet
dem Armen mehr als dem Reichen die gelungene.

Reiche schauen gern durchs Schlüsselloch,
wie Arme durchs Schüsselloch gucken.

Der Arme ist Materialist, da er nur vom Materiellen träumt, und Idealist, da er davon nur träumen kann. Reiche können sich Idealismus oder Idealisten leisten und Ideen kaufen.

Im Kapitalismus ist jedermann
an die Entfesselung der Produktivkräfte gefesselt.

Ein Kapitalist ist ein Mensch, der sich selbständig macht, um nicht alles ständig selbst zu machen.

Vor allem stellt das Kapital etwas auf die Beine,
die ihm gestellt werden.

Kapitalismus ist der Versuch
einer Weltverbesserung ohne Weltverbesserer.

Gegen die Sozialisten waren wir Demokraten,
ohne sie sind wir nur Kapitalisten.

Bereichert euch, doch durch und nicht an Armut!

Ein Antikapitalist verrät sich : Er gibt sich zufrieden und gesättigt, also geschlagen.

Kapitalismus ist gemeinnütziger Egoismus,
Sozialismus war eigennützige Selbstlosigkeit
und Mehrwertsteuerung ohne Mehrwertkomplex.

Kapitalismus heißt : Dein Gemeinsinn nützt dir,
dein Egoismus nützt anderen.

Kapitalisten machen Geld flüssig,
Sozialisten überflüssig.

Grundgesetz des Kapitals :
Eine *Zinsur* findet statt.

Der Arme will reicher sein als die Armen,
der Reiche reicher als die Reichen.

Arm ist, wer schon als Lotteriegewinn bucht,
sich Lotterielose kaufen zu können.

Der Reiche steuert seine Flugzeuge,
der Arme seinen Himmel bei.

Das Christentum sieht in jedem Reichen
eine Verarmung und in jedem Armen
eine Bereicherung der Welt.

Wollten viele nicht satter sein als andere,
wäre genug da für alle,
aber nur genug satte Armut.

Seit dem Ende des Christentums ist es schwerer
und seit dem Ende des Sozialismus leichter
geworden, arm und schwach zu sein.

Ob er *von* Armen oder *für* Arme lebt,
der Satte frisst Hungrige.

Mancher schämt sich nicht, sich lieber seiner Armut
vor den reicheren Nachbarn als seines Reichtums
vor der hungernden Weltmehrheit zu schämen.

Und die Reichen steh´n im Dunkeln,
und die Armen steh´n im Licht.

Privatkapitalismus erzeugt eine klassenlose
Gesellschaft von Armseligen, die Geld haben,
und Plutokraten, die kein Geld haben.

Jede Zeit entscheidet neu, ob sie leutselige Reiche
über armselige Arme stellt oder glückselige Arme
über feindselige Reiche. Religion schwankt da nie.

Die Marktwirtschaft heißt sozial, wenn sie
den Ärmsten gibt, was sie den Armen nimmt.

Kultur teilt sich in Arme und Reiche,
damit Natur sie nicht in Kluge und Dumme teilt.

Die Religion verheißt Reichen,
sie seien arme Sünder, und armen Teufeln,
sie hätten das Himmelreich in der Tasche.

Die geistige Armutsgrenze liegt kaum
beim materiellen Existenzmaximum.

Kapital macht mit den vielen Armen
bessere Geschäfte als mit den wenigen Reichen.

Arme Sünder wurden arme Teufel,
die nun in Arme und Teufel heruntergebrochen sind.

Die verarmen, umarmen sich nicht.

Philosophen machten aus ihrer Armut mehr
als Denkbeamte heute aus ihrem Reichtum.

Sozialismus ist nicht gut genug für mich,
und ich bin nicht gut genug für Kapitalismus.

Der bürgerliche Kapitalismus ließe sich nur
aufheben zusammen mit den vielen Freiheiten,
die nur er deshalb konserviert.

Industrie wurde das Schicksal des Schicksals
und das Kapital der Weltrevolutionär,
der uns zu faulen Reaktionären macht.

Der bürgerschreckliche Antikapitalist
muss wieder Landmann oder Edelmann werden,
wenn er kein Schafhirte sein will.

Sozialismus mit einem Schuss Kapitalismus
macht Diktatur erst rentabel; Kapitalismus mit einem Schuss Sozialismus Demokratie unrentabel.

Man liebt Gott nicht mehr, seit man nur noch glaubt,
dass er Arme und Defekte liebt.

Lektüre macht geistige Armut erträglicher.

Der Reiche denkt nicht an das Gute, das er tun könnte, der Arme aber an das viele Böse, das er nicht tun kann.

Für Kultur war man einst zu arm
und ist man nun zu reich.

Reiche lassen den Armen nicht so reich werden, dass er nicht mehr arbeiten will und muss, aber nicht so arm, dass er nicht mehr arbeiten kann für sie.

Arme und Schwache haben nichts miteinander gemein als die an ihnen verübten Verbrechen.

Reiche sind sicher vor Kriegsterror,
Arme vor *Konsumterror*.

Armut flüchtet vor dem Krieg,
Reichtum in den Krieg.

Reiche haben Idyllen statt Ideale,
Arme haben Utopien statt Ideen.

Armut ist nicht mal mehr dazu gut,
Linke zu erzeugen, die den Warenkörben
einen wahren Korb geben.

Geht heute durchs Nadelöhr des Himmels
eher der schlanke Reiche als der fette Arme?

Wo Demokratie ist, herrschen nicht die vielen
Armen, Erniedrigten und Beleidigten.

Reiche haben nur viel mehr Schulden als Arme.

Die Armen, die wir in der ganzen Welt erzeugt haben, flüchten sich nun zu uns. Die Armen müssen gut sein, damit es der Reiche gut haben kann.

Der Arme legt Hand an; der Reiche handelt damit.

1789. Gleichheit fordern die Armen,
Freiheit die Reichen, und feindliche Brüder
sind sie schon immer.

Arme, die Reiche mimen,
wetteifern mit Reichen, die Bettler spielen.

Geist ist ebenso Kulturkapital
wie Gold eine spirituelle Macht.

Die Kosten des Kapitalismus hindern,
jene Kosten des Industrialismus zu sehen,
die er mit Sozialismen teilt.

Kapitalismus. Ich bekämpfe ihn nicht.
Ich kaufe nur nichts.

Der Kapitalismus selbst geriete in die Krise
erst ohne ständige Krisen.

Das ganze Kapital ist mehr
als die Summe seiner Verteilungen.

Genügsamkeit hat vom Kapital genug.
Nur Bedürfnislosigkeit hat nach Kapitalismus
weniger Bedarf.

Räuber, die arm bleiben, heißen Verbrecher.

Der Arme hasst die Arbeit, weil sie Kraft kostet,
der Reiche hasst sie, weil sie Geld kostet.

Kapitalismus ist die gerechte Strafe für alle,
die seine Füllhörner nicht missen mögen.

Arme haben die Güte zu haben,
Reichen die Güter zu lassen.

Arme greifen nach den Sternen,
Reiche nur nach Weltreichen.

Solange dich nicht genug Wünsche quälen,
die kein Kapital erfüllen kann,
beherrscht es deine Arbeit dafür.

Sehn-Sucht. Das Kapital verhält sich zur Arbeit
wie der freie Unternehmer zum unfreien Junkie.

Satte Bürger hungern und dürsten nach Appetit.
Die Appetitzügler des Armen sind Speisen.

Künste und Wissenschaften bereichern den ärmsten,
ihr Fehlen verarmt den reichsten Menschen.

Am Armen wird Geistreiches gerügt,
geistige Armut am Reichen gerühmt.

Keiner versteht (und keinen verstehen)
Arm und Reich zugleich.

Materielle Sicherheit ist fast so viel wert
wie ein geistiges Armutszeugnis.

Das Wort zum Werktag spricht der arme Teufel.

Kein Kapital hat so viele Sozialisten vernichtet
wie der Sozialismus.

Der beste Umweltschützer ist der Konsummuffel,
also Antikapitalist plus Antisozialist.

Kulturkapital und Geistesarbeit. Dichten
und Denken schaffen oft rigidere Klassen-
gesellschaften als Kapital und Arbeit.

Todesstrafe steht nur auf Bereicherung
der Armen auf Kosten der Reichen.

Die Arme der Armen reichen den Reichen
die Reiche, bis es ihnen reicht.

Weder das Kapital noch „Das Kapital“
bereichert die Armen, die es schufen.

Geist ist Notdurft für den, der im Überfluss lebt,
und Luxus der Armen.

Arme schuften weniger, als sie wollen,
Reiche mehr, als sie müss(t)en.

Der Arme hat nur Geist. Er braucht Geld.
Der Reiche braucht nie Geist. Er hat Geld.

Christus wollte alle arm sehen,
damit nicht zehn alles haben
und alle anderen gar nichts.

Für einen Schweinehund bin ich zu arm.

Erspart euch das Sparen,
man verpulvert seine Armut.

Reichtum in armen Gesellschaften
ist Armut in reichen.

Arme werden reicher in armen Ländern
und ärmer in reichen Ländern.

Der Reiche kann, der Arme muss Buddhist werden,
ohne aufzuhören, arm oder reich zu sein.

Weil es Arme gibt, bekommt Reichtum den Guten
schlecht und den Bösen gut.

Auch Genügsamkeit hat *am* wie *vom* Kapitalismus
mehr als genug.

Beraubt die Reichen, sie haben stets genug, doch
spende nicht den Armen, es erreicht sie ja doch nie.

Unsere Bedürfnisse reden uns schneller arm,
als unser Schicksal oder Geschick uns reich
machen kann.

Ein Armer, der geist- oder neureich werden will,
kann auch ein Tugendbold sein,
der einmal pervers sein will, oder ein Bösewicht,
der so viel Güte wie Güter haben will.

Der arme Reiche muss sich alles kaufen: Niemand
schenkt ihm etwas, der nichts von ihm will.

Wer sich durch Verschenken nicht bereichert,
verarmt durch sein Vermögen.

Überzeugungen und Reichtümer
sind zu oft Armutszeugnisse.

Der Arme bekommt vieles, was er nicht wünscht,
damit man ihm das Wenige nicht geben muss,
was er braucht, um nur noch für sich zu arbeiten.

Ein Politiker, der die Mehrheit verdient,
sollte nicht so reich sein, dass er unkäuflich wird
wie ein Heiliger, sondern so unbestechlich sein,
dass er arm bleibt wie seine Wähler.

Ein Mensch ist arm, weil er alles verlieren kann,
was er niemals hat, und ist reich, weil er nichts
gewinnen kann, was er nicht schon hat.

Arme Deutsche sind an reiche Deutsche
mehr gebunden als armen Polen verbunden.

Du bekämpfst Armut und Unrecht, um an deren Ausmaß und nicht deinem Unvermögen zu scheitern

Die Reichen tolerieren die Armen und die Herrscher ihre Sklaven. Dass Arme die Reichen tolerieren, war immer intolerabel.

Für Christen leben Reiche gut und Arme ewig.

Böse produzieren so viel wie Reiche,
Gute konsumieren so wenig wie Arme.

Der Reiche frisst Löcher in den Käse,
der Arme isst die Löcher.

Wer arme Teufel für sich arbeiten lässt,
arbeitet für den reichen Teufel.

Arme bleiben die vielen Kinder, die sie nicht mehr aufziehen, und Reiche die vielen Lasten,
die sie nicht mehr tragen.

Armen wird vorgeworfen,
keine Bio- und Fair-Trade-Waren zu kaufen.

Es genügt nicht, den Armen zu helfen,
man muss auch unfähig sein,
dabei reicher oder ärmer zu werden.

Geistreiche Leute, die ihr Gedankengut für sich behalten, verarmen.

Bevölkerungsexplosion der Armen?
Die Reichen schießen zurück.

Die Armen schlagen die Reichen nicht tot
oder k.o., also ist Gott nicht tot; *q. e. d.*

Revolution erkaufte noch nie Freiheit,
sondern Massenarmut durch Massenmord.

Das einfache Leben ist ein Vorrecht der Reichen,
das mehrfache ein Naturrecht der Armseligen.

Vom Kapital lebt es sich oft schlechter
als von seiner Kritik. Ein Sozialist ist nun,
wer aus Antikapitalismus Kapital schlägt.

Wieviel Kapital (ver)braucht der Antikapitalismus?

Keine Revolution ohne Religion, keine Religion ohne „*Exodus* aus dem Sklavenhaus"

Ein Revolutionär ist ein Mensch,
der einen Konservativen ein Jahrhundert
vor dessen Geburt geachtet hätte.

Erst suchten wir das Brandneue in der Reformation. Dann in der Revolution. Später in Reformen und Resolutionen. Heute im Reformhaus.

Kulturrevolutionen wollen und sollen
nur *Sozialrevolutionen* verhüten.

Konservative wollen nur die herrschende Mobilität erhalten, und Revolutionäre nennen rasche Veränderungen, die sie nur schwindlig machen, Schwindel.

Niemand ist so revolutionär, dass er schon jetzt die Zeit herbeiwünscht, wo die Entdeckung revolutionär sein wird, wieviel Gutes von heute vergessen wurde über dem Besseren von morgen.

Wie revolutionär einer wirklich ist,
lässt sich in seinem Leben messen an der Zahl
der Sprichwörter, die er außer Kraft setzt.

Demokratien erlauben Revolutionäre,
doch Revolutionen keine Demokraten.

Gefördert wird allein die Revolutionierung
der Konservierungsmethoden und die Gedenkkultur
vergangener Gründungsrevolutionen.

Revolutionäre wollen nichts Neues, sondern
nur Urältestes, das über dem Alten verlorenging.

Revolutionen sind Klassentreffen, nach denen jeder
weiß, dass der Sitzenbleiber zum Generaldirektor
und der ehemalige Primus zum Penner wurde.

Revolutionen sollten nicht die Zehn Gebote
durch zehn Feuerbachthesen ersetzen.

Das Revolutionärste an dem gemeinen Volk ist sein
Traditionalismus, und das Reaktionäre an den Herr-
schenden war immer ihre fortschrittliche NeuGier.

Wer sich selbst ganz in der Gewalt hat,
hat die Revolution zu fürchten.

Revolution sollte mehr sein als Massenmord
von Millionen an Millionären.

Nur Reaktionäre wollen Revolutionen.
Sie wollen Reformen verhindern.

Eine misslungene Revolution schadet dem Armen
mehr als dem Reichen die gelungene.

Herren regieren nur auf unausdrücklichen Wunsch
ihrer Knechte, und Sklaven machen Revolutionen
nur auf ausdrücklichsten Wunsch schwacher
Herrscher.

Ist der Mensch die Krone der Schöpfung,
dann ist Tyrannei ein Aufstand
gegen die allgemeine Monarchie.

Revolutionärer Bruch mit der Tradition beständiger
Traditionsbrüche heißt je nach Kassenlage
konservativ, gesinnungstreu oder reaktionär.

Die Jungen stehen auf
(Aufrührer und Aufständischen).

Gentechnik : Demokratischer Aufstand
gegen DNA- und IQ-Adel?

Kritik und Revolte wurden fortgeschrittene Formen
der Überanpassung.

Revolution beginnt mit schreibenden Sklaven
und endet nicht mit fernsehenden *Shoppern*.

Revolutionen sind Reformfehler
und Kommunisten Underdogmatiker.

Ein Sozialist ist nun, wer aus dem Antikapitalismus
Kapital schlägt, und bliebe aktuell, wenn Arbeiter
sich das alles selbst ausgedacht hätten.

Maschinenstürmer. Kapitalismus und Sozialismus
scheiterten beim Versuch, das Proletariat mit der
Diktatur des Industrialismus zu versöhnen.

Revolution, Sozialismus u. a.
Wenn alle dagegen sind, muss etwas daran sein,
und wenn alle dafür sind, spricht zu viel dagegen.

Sozialismus kann mit den Produktionsmitteln
nur Staat machen.

Der Sozialismus 1968 war eine unverdiente
Erhebung von Bürgerkindern in den Proletenstand.

Sozialismus wird gebraucht,
um das Kapital zu stärken : Kehrt er jemals wieder,
dann unter kapitalistischer Maske.

Militärdiktatur. Vom sozialistischen Paradies
gab es immer nur die Schlange vorm Obstladen.

Der Sozialist ist ein Mensch, der sich verfolgt fühlt
durch die eigenen Interessen, die jeder Mensch
im kapitalistischen Liberalismus verfolgen darf.

Sozialismus ist Vernichtung des Menschen
durch Arbeit. Hauptsache, der ewige Arbeitsfriede
wird nicht gestört.

Gegen die Sozialisten waren wir Demokraten,
ohne sie sind wir nur Kapitalisten.

Kapitalismus ist gemeinnütziger Egoismus,
Sozialismus war eigennützige Selbstlosigkeit
und Mehrwertsteuerung ohne Mehrwertkomplex.

Wenn ich Staatsbeamter wäre,
wäre ich auch Sozialist gewesen.

Kapitalisten machen Geld flüssig,
Sozialisten überflüssig.

Kein Kapital hat so viele Sozialisten vernichtet
wie der Sozialismus.

Der beste Umweltschützer ist der Konsummuffel,
also Antikapitalist plus Antisozialist.

Auch die Bosheit der Dummköpfe
nennt sich revolutionäre Energie.

Der erste Revolutionär der Menschheit entriss
dem Pharao das Unsterblichkeitsprivileg.

Marx : Morgens jagen, mittags angeln und abends kritisieren, doch wer macht dafür Revolutionen?

Weicheierköpfe.
Revolutionäre Wende um 90 ° : Ausweichler.
Revolutionäre Wende um 180 ° : Entweichler.
Revolutionäre Wende um 360 ° : Aufweichler.

Revolutionen verändern eher die Vergangenheit.

Revolution ist nötig, damit alles anders wird als du.

Alle Revolutionen wollten und erreichten Befreiung von unrentableren Formen der Ausbeutung.

Mehrheiten machen Revolutionen,
(geschützte) Minderheiten verfälschen sie.

Ruhe genießt heute einen schlechteren Ruf
als Ruhmsucht oder Revolution.

Eine neue Theorie ist ein Aufstand gegen gängige Praxis, die der Sklave einer alten Theorie ist.

Revolutionstheorie § 1 : BWL ist nicht VWL.

Popmusik, PKW und Fußball – unheilige Dreieinigkeit, die keine Blasphemie duldet. Nur noch deren Verbote führen im Westen zu Sozialrevolutionen.

Aufstände helfen dem Volk,
statt Ketten Illusionen zu verlieren.

Man hilft Bettlern, doch nicht beim Aufstand.

Ich war für Sozialismus, weil er verlieren musste.
Hätte er gewonnen, wäre ich Kapitalist geworden.

Die Kosten des Kapitalismus hindern,
jene Kosten des Industrialismus zu sehen,
die er mit Sozialismus teilt.

Im Sozialismus waren auch Eigenliebe,
Eigenlob und Eigenschaften volkseigen.

Der Sozialismus hatte wenigstens den Sinn,
seinen Gegnern den Sozialstaat aufzuzwingen.

Sozialismus? Gibt es nur ohne Sozialstaat.

Im Kommunisten bekämpfte man stets den Arbeiter und im Arbeiter den Maschinenstürmer.

Seit dem Ende des Christentums ist es schwerer und seit dem Ende des Sozialismus leichter geworden, arm und schwach zu sein.

Sozialismus mit einem Schuss Kapitalismus macht Diktatur erst rentabel; Kapitalismus mit einem Schuss Sozialismus macht Demokratie unrentabel.

Industrie wurde das Schicksal des Schicksals und das Kapital der Weltrevolutionär, der uns zu faulen Reaktionären macht.

Common sense. Lockes gemeiner Wille aller verhält sich zu *Rousseaus* Allgemeinwillen wie die Französische zur Russischen Revolution.

Herren predigen Sklavenmoral, Knechte tragen Herrenmoden, und Revolutionen heute sind missglungene Reaktionen auf missglückte Reaktionen.

Lafayette. Die Französische Revolution köpfte einen reformwilligen König, der Deutsche Reformation und Amerikanische Revolution unterstützte.

Revolution : „*Exodus* aus dem Sklavenhaus“
oder Maschinensturm im Wasserglas?

Die Welt will lieber eine Revolte, die mehr als alles will, als eine, die weniger als gar nichts will.

Fortschritt lässt sich nicht einmal mehr
durch Revolutionen aufhalten.

Man kann wählen zwischen zwei Revolutionen,
gegen die Diktatur des Überlegenen
oder der Mittelmäßigen.

Wirft man den Irren aus der Anstalt, wird er nicht freier. Revolutionäre sind Freiheitsnarren, und Narrenfreiheit genießen nur Herrscher.

Revolutionäre sind blutige Anfänger,
und epigonale Schlusslichter vollenden alles.

Die *Französische Revolution* erhob den Beamten zum Edelmann, den Aristokraten zum Demokraten, den Dienstmann zum Kaufmann, den Kaufmann zum Plutokraten und den armen Sünder und armen Teufel zum neureichen Protestanten,
aber den Armen nicht zum Geistreichen.

Es gibt zwei Abwege nach oben – den Aufstand des Empörers und den Aufstieg des Emporkömmlings.

Wahre Revolutionäre würden
Gottes Jüngsten Gerichtshof restaurieren.

Klügste Revolution verfehlt durch überlegtes Handeln, was dummdreiste Religion
im Handumdrehen durch Handauflegen erreicht.

Gib deinem Roboter viele Unterroboter
und er macht dir keinen Aufstand!

Gerechtigkeit ist ein Aufstand gegen Naturtalente und Geburtsadel, nicht erst gegen deren Missbrauch.

Moderne Freiheit heißt, dass Verkehrsunfälle geglückte Aufstände sind gegen die Verkehrsregeln.

Früher hatte ein handfester Aufruhr noch eine gewisse Aussicht auf Gelingen. Diese historische Stunde ist längst vorbei. Die "verwaltete Welt" *(Max Horkheimer)* ist inzwischen fast lückenlos. Nur aufsässige Mittelstandskinder glauben es sich schuldig, noch eine Zeitlang nonchalant sich zu sträuben, bevor sie ihre Posten einnehmen. Und wo sind die "Maschinenstürmer" des frühen Industrialismus geblieben?

Sozialpartner, Prekarier oder Proleten?

Dass Wirtschafts- und Gesellschaftswissenschaftler nur noch verschämt und verschleiernd von so etwas wie „Prekariat“ sprechen, kommt der sozialen Unterschicht dialektisch zu gute. Im Schutz dieses Totgeschwiegenseins kann der Arbeitssklave aller Länder sich in Ruhe erholen von der langjährigen ideologischen Indienstnahme durch totalitäre „Volksdemokratien“ und sozialistische Militärdiktaturen. Mit „Prolls“ sind heute nur noch grobianisch primitive Dummköpfe gemeint. Aber den proletarischen Arbeitnehmer, der die skandalös unterbezahlten Drecks- und Knochenarbeiten zu machen hat, gibt es natürlich auch heute noch, selbst mitten im modernen Sozialstaat; er ist nur allseits unsichtbar geworden. Offiziell existiert ja dieser Untote in den ausdifferenzierten Hochindustriegesellschaften gar nicht mehr. Die Sozialbürokratie beschäftigt sich nur noch mit seiner Vollbeschäftigung, aber in der soziologischen Forschung und öffentlichen Meinung spielt er so gut wie keine Rolle mehr. Der „Blaumann“ ist kaum noch Gegenstand politischer, volkspädagogischer oder kultureller Bemühungen mehr, sondern funktional aufgestiegen zum „Sozialpartner“. Die *sozialistische Frage* scheint tot, und die Hochindustrienationen finden die „soziale Frage“ tarifgewerkschaftlich und sozialstaatlich prinzipiell gelöst, obwohl es breiten Konsens gibt, dass die Reichen immer reicher und die Armen immer ärmer werden, seit die hegemoniale „Finanzwelt“ sich von der „Realwirtschaft“ weitgehend abgekoppelt hat, ohne ihr noch sehr zu dienen.

Handarbeit und Kopfarbeit sind weiterhin auf verschiedene Klassen oder Schichten verteilt, obwohl die Bürger sich um harmonische Einheit von Hand und Herz, Hirn und Hoden eifernd bemühen – wie immer vergeblich.

Geistert die ganz verdrängte Unterschicht wenigstens zuweilen noch durch das Unterbewusstsein des Mittelstands?

Zweihundert Jahre Arbeiterbewegung sind auch ein Jahrhundert des Scheiterns gewesen, und die Versuche, dieses Scheitern zu erklären, waren so häufig wie die Versuche, dieses Scheitern als Sieg missverstehen zu lassen, um einen Grund zu haben, dass besonders die Bosse und Bonzen der Arbeiter so weitermachen wie gehabt. Wer das Projekt einer internationalen Arbeiterbewegung nicht ganz aufgeben will, weil seine Gegner es für gescheitert ausrufen, wer sie also nicht enden lassen will in der Verkleinbürgerlichung oder in sozialistischen Volksparteien, der braucht weder eine Revolution der Revolutionsidee noch eine neue deutsche Reformation oder neue Kulturrevisoren, sondern nur einfach eine kleine Kurskorrektur, die so bescheiden klingt, dass die meisten sie für ein reaktionäres Wendemanöver halten müssen. Es gab viele verschiedene Theorien der Arbeiterbewegungen und der erzproletarischen Revolution, aber alle diese noch so bunten und widersprüchlichen Theorien hatten doch dieses eine gemeinsam bisher, dass sie nach der Vorstellung und dem Willen ihrer Konstrukteure von den Arbeitern ebenso in die Praxis überführt wie eben keineswegs von Arbeitern selbst aufgestellt werden sollten, um wirklich brauchbar zu sein. Es gab immer proletarische Theorien *für* Arbeiter, aber niemals *von* Arbeitern. Theorien von Arbeitern über Bürger oder über Adlige (Beamte) heißen 'vorwissenschaftliche Lebensweltberichte', die bestenfalls die Rohstoffe für bürgerliche Wissenschaftsprozeduren abgeben können. Was den Arbeitern bis heute fehlt, ist nicht Arbeit, sondern Geistesarbeiter zu werden. Bis heute kostet das Arbeiten ihnen den Kopf vor lauter Selbstmord durch Leibesertüchtigung an der Durchdrehbank.

Arbeiter sind keine ausgeprägten Individuen, denen die Solidarität ihrer Klasse fehlt oder abhandenkam, sondern sie sind bis heute nur Masse und Kollektiv oder Gegenkollektiv, denen die unbürgerliche Individualität fehlt. Der Magdeburger Schneidergeselle Wilhelm Weitling unterliegt bis heute dem Bürgersohn Karl Marx, weil er angeblich zu bürgerlich dachte. Solange die bürgerlichen Theorien der Proletarier gegen die proletarischen Theorien der Kleinbürger antreten, ist die soziale Revolution nicht viel mehr als eine kulturelle oder eben Etikettenschwindel.

Wie und was kann der Proletarier von bürgerlicher Kultur lernen, ohne ihr zu erliegen und ohne hinter sie noch zurückzufallen? Ich spreche für das Proletariat, dem ich entstamme, nicht an seiner Stelle als avantgardistischer Stellvertreter. Ich biete meiner Herkunftsklasse die Produkte meiner bürgerlichen Bildung an, um die herrschende Kultur der Herrschenden, von der und für die ich abgerichtet wurde, wenigstens ein Stück weit gegen sie selbst zu kehren. Und natürlich besteht einstweilen die Pointe darin, dass meine potentiellen Leser, falls es sie gibt, Kleinbürgerkinder sind, die das nicht sein wollen, und dass die da unten sich für solche Sonderangebote sehr bedanken, weder Kaufmann zu werden noch Blaumann zu bleiben.

Mein Paradox : Ich kann plebejischer Welterfahrung nur in einer Sprache Recht und Ausdruck geben, die vorerst einzig der letzte bürgerliche Feind des Bürgers versteht, der Intellektuelle, der ich selber sein will. Ich frage nach der Generalisierbarkeit proletarischer Extrawünsche gegen den bürgerlich partikularen Missbrauch universalistischer Ansprüche. Und wenn ich Beiträge zu einer proletaristischen Kultur liefern möchte, die es nicht gibt in Deutschland, muss ich wenigstens auf der Höhe bourgeoiser Kultur stehen, um nicht noch so weit hinter ihr zurückzubleiben, wie ich mich über sie hinaus wähne. Nicht gebunden an die Prozeduren und Tabus, die diese vorgefundene Kultur ihren Kunden auferlegt, bin ich so frei, ihre Arsenale für meine eigenen Zwecke ungeniert zu plündern und als bloßen Rohstoff meiner eigenen Absichten zu 'missbrauchen'. Der Moment war schon ungünstiger: Wir bräuchten nur zuzugreifen. Seit er sie ideologisch zu seiner Interessenmystifikation kaum noch braucht, lässt der Bürger seine eigene Kultur ziemlich links liegen. Weniges hasst er mehr als die Erinnerung an diese Kultur, die er einst gegen den Adel aufklärerisch schuf. Wo er in ihr die Bürde eines bloßen Repressionsinstruments abschüttelt, hinterlässt er mir kampflos das komplette geistige Rüstzeug, das es nur noch gegen den Strich zu bürsten und in veränderte Kontexte zu betten gilt. Der technokratische Sozialingenieur überlässt mir die verwaisten Schätze kostenlos. Der Arbeiter braucht nicht alles, was heute gewusst wird. Er müsste nur alles wissen, was er braucht. Aber was er braucht, um weder Kuli zu bleiben noch Kleinbürger zu werden, ist etwas anderes, als er braucht, um Sklave und Vater oder Mutter von Sklaven zu bleiben.

Weil er für die Selbstbefreiung der Proletarier ist, ist er gegen jede belletristische oder wissenschaftliche "Literatur der Arbeitswelt". Diese wird entweder geschrieben von Leuten, die nicht arbeiten, für Leute, die arbeiten und ihnen damit ihre Irreführungen finanzieren, oder von Leuten, die arbeiten, für Leute, die nicht arbeiten und sich deshalb vom Lehnstuhl aus interessieren für die exotische Welt der Industrieproduktion und für die Kulte und Mythen dieser Halbwilden am Fließband. Die mittelständischen Interessenten verlangen von sich selbst eine „progressive“ Aufgeschlossenheit für Informationen über 'ihre' materielle Basis und auch milieuecht gruselige Reportagen aus der sozialen Unterwelt. Die einen haben für den Unterhalt zu sorgen, die anderen für die Unterhaltung darüber. So wird das Fließband an- und aufregend gemacht, um auch ins Grübeln verfallene Proleten „nachhaltig“ und „achtsam“ daran gefesselt zu halten.

Die wahre Emanzipation der Arbeitstiere aber ist ihre Emanzipation von der Fabrikarbeitswelt samt deren Literatur. Literatur könnte dabei durchaus helfen – nur eben nicht 'Literatur der Arbeitswelt', die in sie nur noch viel tiefer hineinführt und vom humanisierten Fließband träumt und von *revolutionärer* Aneignung der Maschinenparks. Ausgerechnet Marcel Proust musste daran erinnern, dass ein Arbeiter sich eher für den Tagesablauf eines Aristokraten interessiert, als Feierabends in Büchern noch einmal nachzulesen, was er tagsüber sowieso tut. Ein Plebejer, der aufgewacht ist, hat weiß Gott Besseres zu tun, als seine Klassenfeinde mit Insider-Infos aus erster Hand zu versorgen und sie noch weiter über seine Schwachstellen aufzuklären oder gar die Fabrik, die seinen Körper und seine Seele kaputtmacht, in „freier Selbstverwaltung" zu übernehmen, damit er aus freien Stücken nun sich selbst antun kann, was er vorher mit sich angestellt hat auf Befehl von oben. Der „proletarische Intellektuelle" liest und schreibt sich aus seiner industriellen Arbeitswelt und deren Literatur heraus: Er will diese Welt weder wehleidig verherrlichen, noch sich aufhalten mit ihrer *Verbesserung*. Der Arbeiter sollte nicht 'aussteigen' (wohin könnte er schon aussteigen), sondern 'aufsteigen': Aber in den Überbau und nicht in die Chefetagen. Ein Sozialismus, der nicht mehr wäre als eine freiwillige Arbeiterselbstver(ge)-walt(ig)ung, fiele um genau so weit noch hinter den Kapitalismus zurück, wie er sich über ihn erhaben fühlen würde.

Der Industrialismus sprengt einen Sozialismus, in dem die Produzenten nicht länger gefesselt sind, sondern sich selbst fesseln. Jedes 'Animal rationale', jedes erleuchtete Arbeitstier, weiß das, aber eben nicht aus der 'Literatur der Arbeitswelt' (die den Arbeiter von allem befreien will, nur nicht von der humanisierten Arbeitswelt selbst). Wissenschaft und Literatur sollten dem Plebejer die 'ökonomische Scheiße' nicht noch interessant und schmackhaft machen, sondern den „humanisierten“ Arbeitsplatz verleiden, anstatt ihn am Ende damit noch 'progressiv' auszusöhnen. Auch die 'alternative' Maloche ist nur dasselbe in Grün. Spätestens an dieser Stelle wird alle Welt aufschreien : Und wer soll die Knochenarbeit machen? Nun, warum zur Abwechslung nicht mal jene, die der Drecksarbeitswelt von je so fern stehen, dass sie eine eigene Literatur und Wissenschaft von ihr brauchen, um sie aus zweiter Hand kennenzulernen? Sollen sie die Werkbank, für die sie sich geistig so interessieren, doch *alternativ* im lebenslänglichen Sozialpraktikum ganz erkunden und dafür die Proleten jeden Morgen in die ohnehin verwaisten Bibliotheken gehen lassen.

Der Plebejer hat Material in dreckigen Händen und ist Material in sau-beren Händen. Der Rohstoff ist so wenig sein wie die Idee, nach der er ihn formt. Er ist nur frei, Dichter und Denker zu werden. Und diese Freiheit sollten die Schmächtigen dieser Welt nutzen, ehe es wieder zu spät ist. Denn was ist die westliche Freiheit? Proletarisch bisher ganz ungenutzte Überbaugenehmigung. Hast du viel Zeit, sie mit Industriearbeit totzuschlagen? Proletarier aller Länder, kniet euch endlich aus der Materie heraus, die ihr bearbeiten sollt, und (arbeiterbildungs)vereinzelt euch! Und Proletarier aller Länder, einigt euch erst einmal, Arbeitssklaven zu sein. Ihr habt einen unendlichen geistigen Nachholbedarf, und der ist ein einziger Schrei nach enzyklopädischer Allgemeinbildung für die Allgemeinheit, d. h. für jeden Einzelnen dieser Autodidakten, der sich nichts mehr sagen lassen will, weil er nichts zu sagen hat, und der deshalb diese Enzyklopädie selbst schreiben muss, die es für ihn noch nicht zu lesen gibt. Sollen die bürgerlichen Intellektuellen doch aufs Land flüchten, wenn nur der Bauer Überbauarbeiter würde! Der Arbeiter muss genau jener Geistesarbeiter werden, der ihm bislang sagte, was er denken und tun soll(te). Liest und schreibt er über seine Arbeitswelt, macht er doch nur unbezahlte Überstunden.

Wenige wissen viel, viele wissen wenig.

Der proletarische Intellektuelle will nicht das Ganze des nach dem Naturbeherrschungsstand seiner Zeit Wissbaren beherrschen, sondern das Ganze des nach seinem eigenen Emanzipationsinteresse Wissenswerten daraus. Zum Beispiel wird er vielleicht sich mehr Hilfe dabei erwarten von wohlverstandener Psychoanalyse (um sein eigener Analytiker zu sein) als etwa von Mathematik (welche Menschen nur zählt, um nicht auf sie zählen zu müssen).

Er wird nicht den Sozialismus studieren, weil das per definitionem eine proletarische Philosophie ist, sondern er wird prüfen, ob der historische und dialektische Materialismus von Marx und Engels alle Desiderate eines Proletarismus wirklich erfüllt. Wenn er sich vom Bürgersohn Marx über die bürgerliche Gesellschaft, die ihn produziert, dankbar belehren lässt, muss er es sein, der entscheidet, wie weit er Marx folgen will. Nirgends ist ja a priori verzeichnet, was proletarische Priorität haben muss. Was kann dem Arbeitstier, dieser angewandten Physik auf zwei Beinen, das Studium der Physik nützen bei seiner Selbstbefreiung? Soll er nun Biologie und Chemie studieren, wo seine Berufsarbeit ihn ohnehin auf seine biochemische Physiologie reduziert? Was ist an der Soziologie mehr als nur Mittelstandsideologie?

Das helle Arbeitstier muss alles wissen – was ihm hilft, keines zu bleiben, ohne deshalb Bürger zu werden. Wissen war einmal Macht; heute ist Wissenschaft an der Macht, nicht mehr Notwehr gegen das Herrschaftswissen. Und enzyklopädische Vollständigkeit gewinnt nur noch das Wissen der Herrschenden, wie sie die menschliche Natur ihrer Sklaven dahin bearbeiten, für sie die äußere Natur zu bearbeiten. Das Wissen war revolutionär, solange es Waffe war gegen Irrsinn, Irrtümer und Irreführungen, solange es umfassende Ideologiekritik von unten war. Heute ist die Naturwissenschaft nur noch Technologie als Instrument menschlicher Naturbeherrschung. Dabei treiben die Produzenten nicht selbst Naturwissenschaft, sie *sind* angewandte Naturwissenschaft. Im Industriebetrieb nimmt der Arbeiter teil am Wissenschaftsbetrieb, indem er dem Wissenschaftler das Gebäude baut und heizt und reinigt und die Messinstrumente herstellt. Der Proletarier muss aber nicht Polytechniker, sondern Intellektueller werden, weil er nun weder Natur- noch Geisteswissenschaftler sein kann, sondern nicht viel mehr als deren Forschungsobjekt oder Hilfskraft.
Der Arbeiter ist kein Mitwisser des Wissenschaftlers und dieser kein Mit-Arbeiter. Was ist das Volk, wenn es ein Objekt weder expropriativer noch päda-

gogischer Bemühungen, weder rechter noch linker Bürger ist? Das menschliche Wissen vor allem über die Natur und die zur *zweiten Natur* gewordenen Naturbeherrschungsprozesse wächst viel schneller, als die Verleger drucken können. Was muss der Plebejer wissen, was soll er tun, was kann er hoffen? Soll der Facharbeiter sich nun Feierabends zum Fachmann für Polytechnik machen oder Einfachmann bleiben? Statt seine kostbar wenige Zeit und Kraft dafür zu verschwenden, sich an der Natur für andere abzuarbeiten, sollte er lieber für sich ganze Kulturen erarbeiten, ohne Kultursoziologe zu werden. Das *gemeine Volk* braucht weniger Popularisierungen einzelwissenschaftlicher Methoden und Resultate als die Selbstaufklärung über seine 'erkenntnisleitenden' Emanzipationsinteressen und interessenleitenden Selbsterkenntnisse, die das Organisationszentrum seiner notwendigen Auto-didaktik sind. Der *plebejische Tui* sollte darauf spezialisiert sein, sich auf nichts zu spezialisieren als auf die Allgemeingültigkeit seiner Sonderinteressen.

Solcher Enzyklopädismus steuert ihn durch die Scylla einer 'schlechten Unendlichkeit' (Hegel) von faktenwüstem Undsofortschritt und der Charybdis eines geistigen Zwangssystems. Es ist ein differenzierter Universalismus, der den „Knoten" interessiert, sofern er ein Individuum wird durch

Herausdifferenzierung aus seinem Kollektiv, ohne seine Klasse zu verlassen, und sich in sich selbst differenziert zum Mikrokosmos statt zum Sozialatom. Es geht auch um keine 'proletarische Weltanschauung' : 'Weltanschauung' ist das, was von der Welt gewusst wird, wenn die Welt gar nicht angeschaut wird. Das 'Weltbild' eines 'lesenden Arbeiters' sollte so ziemlich das Gegenteil eines Arbeitsweltbildes sein (ohne deshalb die *Umwelt* des Besitz- und Bildungsbürgers zu spiegeln, den es ohnehin nicht mehr gibt). Als erstes braucht das Volk Aufklärung nicht über die Natur, die es täglich bearbeitet, sondern über sein Naturrecht und was weltgeschichtlich geschehen ist : Geschichte ist, was immer (die moralische und naturrechtliche Zensur unbeanstandet) passiert.

Lesende Arbeiter stellen sich nicht die Fragen, die *Brecht* sie in einem berühmten Gedicht stellen lässt. Solche Fragen stellen sich Bürgerkinder, die ihre eigene Klasse zu verdächtigen anfangen, und sie fragen sich zu Recht, was jeder 18-jährige Arbeiter, ob lesend oder nicht, ihnen spielend beantworten könnte, wenn er von ihnen gefragt würde. Was dem Arbeiter fehlt, ist nicht eine Idee von den materiellen Hintergründen geistiger Fassaden und von den Produktionsweisen hinter den Denkweisen, sondern umgekehrt eine ganz immaterielle Idee davon, dass nicht jede Idee Ideologie ist und nicht jede Reflexion ein bloß bedingter Reflex. Für Marx ist es das gesellschaftliche Sein, welches das Bewusstsein des Menschen zur Einrichtung einer Gesellschaft bestimmt, in der das Bewusstsein endlich das Sein bestimmt. Meine materielle Lage bestimmt meine vorherrschenden Gedanken, und die Gedanken der Herrschenden bestimmen meine materielle Lage ebenso wie ihre materielle Ausstattung meine Gedanken. Es ist falsches Bewusstsein, welches heute das soziale Sein dazu bestimmt, das menschliche Bewusstsein zu bestimmen, statt dass unser Bewusstsein sich von unserem Sein bestimmen ließe, nun unser materielles Sein zu bestimmen. Wenigstens muss mein Sein mir nur bewusst genug werden, um mich selbstbestimmen zu können.

Jede „Machtergreifung des Volkes“ wäre heute wohl nur Energieverschwendung. Der Industriesklave muss erst einmal Theoretiker seiner Befreiung werden. Vielleicht macht er die bürgerliche Kritik der bürgerlichen Gesellschaft sich ja zu eigen, aber er selbst muss es sein, der kompetent genug ist, sie zu prüfen, als hätte er sie gebildet. Im Allgemeinen aber gilt, dass nur die Industrieproduzenten selbst fähig und legitimiert sind, sich eine vernünftige Einrichtung der Produktion auszudenken. Gegen die wunderschönen Modelle bürgerlicher Intelligenz spricht ja nicht, dass sie dumm oder falsch wären oder überhaupt nicht funktionierten; ganz im Gegenteil stünde immer zu befürchten, dass sie nur allzu gut funktionieren. Sie haben stets nur den einen Kunstfehler, der sie allerdings aber auch schon proletarisch unbrauchbar und gefährlich macht (absichtlich oder unfreiwillig) : Die Produzenten sollen diese Theorien und Modelle nicht selber ersinnen, sondern nur noch realisieren. Also lässt der durch viel Schaden kluggewordene Werktätige seine schmutzigen Finger von den schubladenfertigen Alternativkonzepten und sozialutopischen Blaupausen dieser mittelständischen Avantgarden, die alle sein Bestes wollen, das er aber nicht hergeben möge. Gemessen an ihren Effizienzkriterien, sind die jeweiligen *revolutionären* Szenarios so aufgebaut, dass die eigenen Vorschläge der Proleten sich davor regelmäßig heillos blamieren. Aber schließlich ist proletarische Ökonomie ja nicht ökonomischer als bürgerliche, sondern eben nur proletarischer. Die Arbeiterklasse ist Arbeitermasse, aber jeder Prolet sollte seine eigene Massenvernichtungswaffe in Person sein. *Massenbewegungen?* Ja, Massen werden immer bewegt – wie Frauenbewegungen in die Betriebe hinein.

Der proletarische Intellektuelle lebt *von* der Industriearbeit und nicht *für* diese Industriearbeit, indem er *für* Geistesarbeit lebt und nicht *von* geistiger Arbeit. Das unterscheidet ihn vom Intellektuellen bürgerlicher Herkunft, auch von dem, der sich freiwillig in den Dienst der Proletarität stellt, selbst wenn diese frei ist von Proletkult, Pop(ulismus) und Folkloreley.

Was zu sehen ist, ist nur Fassade. Dahinter steckt eine Idee, die nicht zu hören ist und nicht gesehen werden will, nämlich die Idee, wie sich materielle Interessen hinter ideellen Motiven verstecken lassen. Vordergründig soll es um hochedle Dinge gehen, und es braucht Ideen, materielle durch vermeintlich ideelle Motive zu kaschieren, so dass der materielle als geistiger Beweggrund erscheint und der ideelle als materieller zu verleumden ist. Die platonische Idee hinter den materiellen Erscheinungen der Welt ist das materielle Interesse hinter der ideologischen Fassade, also die Idee, wie sich das materielle als ideelles Motiv verkaufen und hinter dem ideellen Motiv wieder entdecken lässt. Das ideelle Motiv besteht darin, die materiellen Interessen der Allgemeinheit zu berücksichtigen und sei es aus egoistischen Motiven.

Böse ist ja nicht die Materie, sondern Menschen an ihre Bearbeitung zu ketten, also sie restlos zu Menschenmaterial zu machen, das *sein* Arbeitsmaterial formt und sonst gar nichts. Gut ist umgekehrt nicht Geist an sich, sondern als begeisterter

Aufstand gegen die Kettung des Menschen an Essen, Trinken, Wohnen, Zeugen und Körperpflege. Gut ist nicht Materie, sondern auch Bürger sie bearbeiten zu lassen. Proletarier werden erst dann leibhaftig da sein, wenn sie nicht nur nichts als Leiber sein müssen, die sich an Stoffen erschöpfen, was nicht heißt, dass ihre Klassenfeinde so vergeistigt wären, nur auf der Suche nach ihrem verlorenen Bauch und Unterleib zu sein. Leib und Seele sind vor allem völlig getrennt, weil sie auf verschiedene Klassen verteilt sind. Durch diese Klassentrennung wird Geist zu Ungeist und Körper zu unbeseeltem Stoff. Die Unterschicht ist so etwas wie der Unterleib der sozialen Mitte des Volkskörpers. Ein nicht gutdurchbluteter Kopf ist kopflos; ein enthaupteter Körper kann behaupten, was er will, sich oder Wahrheiten, er ist nicht leibhaftig da, sondern im Bunde mit dem Leibhaftigen. Der Kopf ist der Oberkörper, der Leib das Stammhirn des Menschen. Schlimm ist nicht der Geist, sondern Menschenklassen von ihm auszuschließen und ihn zum Prestige zu machen. Und vom Geist hat sich ausgeschlossen, wer andere von ihm ausschließt, indem er sie auf ihre ach so sinnliche Körperlichkeit reduziert.

Prolet zeugt Prolet und erzeugt Produkte. Er erzeugt mehr als das zu seiner Selbstzeugung als Arbeiter Nötige und sollte mehr zeugen als nur Arbeitstiere. Arbeiter, die mehr zeugen als nur Arbeiter, erzeugen nicht mehr, als zu ihrer Reproduktion als Produzenten nötig ist. Arbeiter, die mehr wert sind als Arbeitstiere, erzeugen keinen Mehrwert mehr. Sie haben sich ihn dadurch schon wieder angeeignet, dass sie Proletarier zeugen, die mehr wert sind als bloße Mehrwerterzeuger und sich nicht hergeben für solche Art der Hingabe und Verausgabung. Umgekehrt : Wer sich zu gut ist für bloße Gütererzeugung, ist mehr wert als ein erschöpfter Mehrwertschöpfer. Selbsterzeugung durch Arbeit ist nur Selbstvernichtung durch Arbeit. Plebejer können nicht für sich selbst arbeiten, ohne für andere zu arbeiten, die für sich arbeiten, indem sie andere für sich arbeiten lassen, die das mit sich machen lassen. Arbeiter zeugen mit ihren Frauen Arbeiter und mit der Materie Güter. Es ginge um die Selbstreproduktion als *proletarischer Intellektueller* und Privatgelehrter, also um das, was mehr und anders ist als das zur Selbsterhaltung als Produzent Nötige.

Eine "kommunikative" gegen eine "zweckrational instrumentelle Vernunft" ausspielen heißt, Bürger gegen Arbeiter auszuspielen. Reaktionäre machen heute aus der Not, dass nicht die kapitalistischen, sondern die sozialistischen Produktionsverhältnisse die "Entfesselung der Produktivkräfte" behindern, die "grünalternative" Tugend, dass die ökologische Fesselung nicht nur der ökonomischen, sondern aller menschlichen Kräfte den wahren Fortschritt bringe. Aber was industriell ineffizient ist, ist deshalb noch nicht ökologisch sinnvoll, wie die Ostblockstaaten zeigen. Nach Rosa Luxemburg hat es das von Marx beschriebene Proletariat so gar nicht gegeben, und das real existierende hat er nicht gekannt, sondern z. B. Wilhelm Weitling verdrängt. Marx ging aus der Hegelschen Linken hervor, aber kein deutscher Philosoph geht aus der biblischen Linken hervor. Die Verbrechen, um endlich alle Verbrechen zu beenden, werden von Marx gerechtfertigt im Namen des Volkes und von Gott verurteilt im Namen des Gesetzes. Der biblische Monotheismus des Einen Herrn im Himmel über allen Herren der polytheistischen Welt ist selbst jene Revolutionstheorie, die gewöhnlich gegen ihn aufgeboten wird. Das Buch der Bücher ist selbst die Aufklärung, von der es entmythologisiert zu werden pflegt. Nach Hegel sagt ja der Idealismus den Gebildeten in Gedanken dasselbe, was der Protestantismus dem Volk in Gefühlen sagt, und das wäre für den Monotheismus überhaupt mal zu entwickeln. Reaktionäre Philosophen halten die sozialistische Frage für erledigt, um auch die *soziale Frage* abhaken zu dürfen, aber echte Linke halten die sozialistische Frage für beantwortet, um die soziale Frage endlich mal stellen zu dürfen. Was am Marxismus des 19. Jahrhunderts proletaristisch war, kommt aus alten biblischen Schriften, und was daran bürgerliches Erbe war, ist schon jüngste Geschichte. Das Beste an der Bibel war einmal marxistisch gut 'aufgehoben', nun ist das Beste von Marx wieder am besten aufgehoben in der Bibel. Bei aller prätendierten Voraussetzungslosigkeit stellten die griechischen Philosophen die Sklaverei, von der sie lebten, nie infrage. Die gräkophilen deutschen Philosophen fanden es immer skandalös, dass Gottes Grundgesetz Kriege und Arbeitssklaverei nicht verbot, sondern nur auf ein die ganze Antike allerdings bestürzendes Maß einschränkte. Wenn Deutsche den Krieg abschaffen wollten, wollten sie nur die *ultima ratio* gegen Tyranneien aufheben und nicht sehen, dass die Bibel so realistisch ist, die völlig utopische Aufhebung der Arbeitssklaverei nicht dem Menschen aufzubürden, sondern nur Gott vorzubehalten. Die technisch-industrielle Revolution ist keine historische Chance der Sklaven, sondern eine historische Episode, die sich so lange nicht selbst überleben wird, wie Arbeitssklaven sich von ihr noch die wahren Selbstbefreiungsmittel erhoffen. Nach biblischem Gesetz aber wird das Gesetz samt Körperwelt, Kriegen und Arbeitssklaverei erst vom Schöpfer selbst aufgehoben, wenn die Hochkulturen naturgesetzlich in sich zusammenbrechen werden.

'Revolution' gegen das göttliche Gesetz, also gegen die vom Produzenten selbst gelieferte Gebrauchsanleitung der Schöpfung, ist keine Aufklärung, sondern reaktionär. Die feudal-griechischen Philosophen lebten von Sklaven und warfen den Sophisten vor, *von* ihrem eigenen Denken zu leben statt *für* das Denken. Von den sophistischen Wanderlehrern unterschieden sie sich nicht durch Verstand, sondern durch Wohlstand und – dass niemand ihre Waren kaufen wollte. Die europäische Philosophie ist der Weg von Adel zu Adel, von den griechischen Sklavenhaltern zu professionellen Denkbeamten, die das Universale an Universitäten verwalten. Die Sophisten, die einzigen griechischen Demokraten, machten das Volk erst demokratiefähig. Sie zeigten ihm nicht nur, wie das schwächere Argument vor Gericht zum stärkeren gemacht wird, sondern auch das Argument des Schwächeren gegen das Argument des Stärkeren verteidigt wird. Aristokrat Plato schlug die Sophistik und meinte die Demokratie; die Sophisten schlugen die Philosophie und meinten den Sklavenfeudalismus. Philosophie heute ist Letztselbstbegründung nicht des menschlichen Denkens, sondern des Denkens von Staatsbeamten, die nur ihre Privilegien und Ressentiments geistig rechtfertigen.

Nicht viele nehmen das Problem ernst, dass die rechtsstaatliche Verfassung hierzulande auf eine „*Klassengesellschaft*" trifft, die spätestens seit dem gerechten Zusammenbruch marxistischer Ostblockdiktaturen hartnäckig geleugnet wird zugunsten einer „sozialen Marktwirtschaft" von gleichberechtigten „Sozialpartnern". Damit scheint der gefürchtete „Klassenkampf" mit sozialstaatlichen Rechtsmitteln weitgehend befriedet, so dass selbst ärmste bildungsferne "Arbeit-Abnehmer" im abgespeckten Sozialstaat zu viel zu verlieren hätten, um noch als „Maschinenstürmer" mit Generalstreik oder gar Sozialrevolution zu drohen.

Schon *Bismarcks* Sozialstaat sollte nur rote Sozialdemokratie und Sozialrevolutionen prophylaktisch verhindern, und seither helfen dazu auch periodische „Kulturrevolutionen" mit. Soll(te) grüner Mittelstandsökologismus vielleicht nur von roter Ökonomie ablenken?

Auch der lieben „Umwelt" zuliebe werden ja Arme immer ärmer und Reiche immer reicher. Die „soziale Frage" hat alle sozialistischen Antworten überlebt, und im demokratischen Rechtsstaat bleibt die sozialstaatlich nur anästhesierte „soziale Gerechtigkeit" das vordringlichste Problem, während der grüne Ökowahn das aufdringlichste Problem hochpusht und nur den nächsten technologischen Wirtschaftsschub massenideologisch und -psychologisch vorbereiten soll. Jedoch die elektronische Weltgeneraldigitalisierung ist nur dieselbe alte Ausbeutungsgesellschaft in neugrünem Putzanstrich, wo Dienstleister die Maschinen und deren Besitzer zu bedienen haben. Sind Lastenträger als „Bedenkenträger" contra „Leistungsträger" schon Geschichte?

In den rechtsstaatlich verfassten Hochindustrie-Nationen sollte systemische soziale Ungerechtigkeit oder gar Armut schon als Verfassungsbruch gelten.

Aber ist „sozialgerecht" wirklich sozial gerecht?
Herrscht richtiges Recht oder nur die Rechte?

Das Hauptproblem aller Hochkulturen seit der "neolithischen Menschheitsrevolution" vor etwa zehn Jahrtausenden ist stets die "soziale Frage" geblieben. Sesshafte Hochkulturen sind und waren seit dem "Erbsündenfall" von Ackerbau und Viehzucht (aus dem relativ egalitären Nomadenparadies) nur aristokratische Klassengesellschaften von Herren und Knechten, von "Kapital und Sklavenarbeit".

An dieser kultivierten Ausbeutungsschande sind letztlich alle seitherigen Hochkulturen zu Grunde gegangen, nicht etwa an (rational beherrschbaren) Klimakatastrophen oder anderen Nebenschauplätzen des ideologisch vertuschten "Klassenantagonismus". In naturwissenschaftlich-technisch befeuerten Hochindustriegesellschaften wird nun Klassenkonfliktpotential durch massenkonsumistische Gratifikationen etwas abgefedert, aber unter der Sklavenpeitsche der Oberschicht darf der Mittelstand die Sklavenpeitsche gegen die Unterschicht ungestraft schwingen ...

Die Neo-Aristokratie unserer rechtsstaatlichen Republik besteht aus den Staatsbeamten mit ihren adligen Vorrechten, die geradezu nach ihrem 1789 rufen, aber es gibt kein "revolutionäres Subjekt" mehr. Die "verwaltete Welt" (Max Horkheimer) ist inzwischen fast lückenlos, und die Zeit, als ein handfester Aufstand noch Besserung versprach, ist abgelaufen.

"Was tun"? Alles auch nur von fern nach kollektiven Politkampagnen mit Demos und Resolutionen aussehende *Basisdemokratische* ist zu meiden, da solche scheinbar spontanen Unrechtsproteste sehr bald von Organisationsprofis, Strippenziehern und Stichwortgebern unbemerkt unterwandert und manipuliert zu werden pflegen. Vor allem der "proletarische Intellektuelle" bleibe ***in*** der Gesellschaft ein Einzelner ***gegen*** sie. Er verfeinert die bloße Manövriermasse seiner sozialen Herkunftsklasse zu unabgängig bleibenden Individuen, die am Schreibtisch nachdenken, statt mitzumachen beim kollektiven Nichtmitmachen. Dieses Recht wahrzunehmen in einem Rechtsstaat, macht er zu seiner Pflichtübung.

Im Übrigen gilt wohl immer noch, was der adlige Revolutionsflüchtling *Antoine de Rivarol* schrieb:
"Unscheinbarkeit schützt besser als das Gesetz." Die allen Gotteskindern gemeinsamen Menschenrechte sind einstweilen eher Utopien als wirklich justiziabel einklagbare institutionelle Rechte.

Die soziale Unterschicht der Lohnabhängigen in den Fabriken riskiert täglich und weltweit auf allen Feldern (von Gesundheit, Gratifikationen, Ansehen, Gerechtigkeit etc.) ungleich mehr als schon die vergleichsweise privilegierte Kleinbürgerschicht der Angestellten in den Büros. (Und endlich mehr als die bearbeitete "Umwelt" selber.) Der Mittelstand ist Sklave der Oberschicht und darf dafür die Sklavenpeitsche über die gesichtslose Unterschicht ungestraft schwingen. Die Obertanen leisten sich mittelständische Expertenkulturen und Managerheere, welche die Drecks- und Knochenarbeiten für sie dirigieren dürfen. Wie sind wohl die Risikogruppen der "Risikogesellschaft" (Ulrich Beck) zwischen Eliten und Mob, zwischen Adel und Pöbel verteilt?

Das medial unablässig heraufbeschworene Risiko einer („menschgemachten" und damit unterschiedslos alle Menschen treffenden) globalen „Klimakatastrophe" und „Umweltzerstörung" z. B. soll nur ablenken von den Risiken, denen die Parias und Arbeitssklaven seit Anbeginn der Hochkulturen tagtäglich ausgesetzt waren bis auf den heutigen Tag und Sankt Immerlein. Die ökonomische Frage war immer dringlich, die ökologische Frage ist nur aufdringlich. An der „sozialen Frage" allein ist in the long run bisher ausnahmslos eine jede Kultur und Gesellschaft gescheitert und schließlich zu Grunde gegangen -- wovon unsere Wissenschaftler bis heute nicht viel wissen wollen.

Das Risiko, dass die *grüne Naturmutter* schlapp macht, wenn man sie weiterhin großchemisch „schändet", ist sicher verschwindend gering gegenüber dem Risiko, dass die menschliche Natur der industriellen Naturbearbeiter zerstört wird. Das herbeigeschriene grüne Umweltrisiko soll das stille rote Aufruhrrisiko ja nur verdrängt halten.

Die Welthöchstrisikogruppe aber scheint mir derzeit allgemein nur aus einem autonomen "Individuum" zu bestehen und im Besonderen aus dem proletarischen Individuum, das von allen Kollektiven (und Gegenkollektiven) gleichermaßen kolonisiert und bedroht ist. Der individualisierte Bürger riskiert seine Isolation, der einzelne Prolet läuft hingegen ständig Gefahr, in der Masse seiner Klasse verschwunden zu bleiben und zugleich von mächtigen gesellschaftlichen Interessengruppen und "Racketeering" vereinnahmt, beansprucht, umworben, unterdrückt und ausgebeutet zu werden.

Die unterste Klassengruppe riskiert es, ewig unten zu bleiben, solange sie sich nicht in ihren Individuen endlich einmal verfeinert --- psychisch und intellektuell, autodidaktisch kulturell und künstlerisch, ohne allerdings nun zu verkleinbürgerlichen. Aufstieg der Unterschicht in den „Überbau" der Hochkultur statt in die Unterwelt des Mittelstands ist allein nötig. Das ist der erste Schritt zu einer *Sozialrevolution,* die diesen Namen verdienen würde und keine bildungsbürgerliche "Kulturrevolution" bleibt, die es riskiert, wie alles andere folgenlos im Sande zu verlaufen ...

Die Reichen und Mächtigen bilden eine Risikogruppe, weil sie ein permanentes Risiko sind für die Geistreicheren und Schmächtigeren. Das größte Risiko besteht immer darin, jedes zu meiden. Der proletarische Intellektuelle wäre ein Risikowagnis für sich und seine Gegner, die im Traum nicht mit ihm rechnen.

Der unabhängige Einzelne, kein einmaliger Verein, ist das einzige vollkommene Ebenbild des Einen im Himmel und riskiert es lieber, im Bunde mit dem Allmächtigen alle Mächtigen zu distanzieren, als umgekehrt im Bunde mit seinen Herr(schaft)en den himmlischen HErrn herauszufordern. Die "Bible Left" enthält "im Namen des restaurierten Gesetzes" bereits eine komplette monotheistische Sklavenselbstbefreiungstheorie, die weitaus weniger riskiert als jeder andere "Revolutionssozialismus" von links oder von rechts.

Auch Proletarierinnen zählen zu den Höchstrisikogruppen, sofern sie teuflisch versucht sein könnten, sich hochriskant vom Familienband fürs Fließband und von Mann und Kind für die Firmenchefs "feministisch zu emanzipieren"

Proletarier aller Länder, verein-zelt euch!

„Ich bin kein Marxist“

Die Heilige Familie des Mohren

Kurz vor Karls Geburt konvertierte sein Vater zum preußischen Protestanten Heinrich Marx, um als Advokat zu reüssieren im katholischen Trier. Die Mutter Henriette (geb. Pressburg) weigerte sich über ein Jahrzehnt lang, diesen Schritt mitzuvollziehen, und das nicht nur aus Rücksicht auf ihre Eltern. Am Ende folgte sie ihrem Mann widerstrebend, um den familiären Wohlstand nicht zu gefährden. Der *liebe Carl* wurde als Sechsjähriger christlich getauft, auf dem zeitlichen Höhepunkt der sogenannten phallischen Phase kindlicher Entwicklung; er trat nie aus der Kirche aus. Diesen Verrat an ihrer Religion muß Carl seinen Eltern als Opportunimus übelgenommen haben. Der Atheist Marx folgte weder dem Gott der Mutter noch dem christlichen des Vaters : Der Mammon schien mächtiger als dieser Gott, zu dessen Dienst seine Eltern ihn als ältesten Sohn ursprünglich bestimmt hatten. Der männliche Erstgeborene war von den stolzen Eltern überverwöhnt und in dem Gefühl erzogen worden, als "Gottes Sohn", wie viele Familienvorfahren für die Gelehrtenlaufbahn ausersehen, etwas ganz Besonderes zu sein. Die männliche Erstgeburt war dem Dienst an jenem Gott geweiht, der als Souverän sich seine Gesetze selbst gibt, Carl sein autonomer

Sohn, der Autochthone, der zuerst kommt. Der zeitlich Erste ist in der Tradition der Rangerste, der die Priorität beanspruchen darf : Im Falle des Karl Marx die Priorität als Entdecker der Universalität dessen, was ihm zustieß, die Degradierung vom 'Gottessohn' zum Spießbürger, der sich seine Brötchen selbst verdienen sollte, statt daß ihm ewig die gebratenen Tauben aus Schlaraffia in den Mund flogen. Nach der ihr aufgenötigten christlichen Taufe war wenigstens die Mutter kaum noch bereit, in ihrem *Liebenswertesten und Besten* noch Gottes Sohn in spe zu hofieren, den er doch mit der Muttermilch eingesogen hatte. Nach seiner Verlobung mit dem 'schönsten Mädchen von Trier, der Ballkönigin', Jenny von Westphalen, wurde dem over-protected child zugemutet, einen gemeinen Brotberuf zu ergreifen, statt sich zu Höherem berufen zu fühlen, als seine Familie so zu ernähren, wie er von seinen Eltern ernährt worden war. Der scheue, unsichere, sentimentale, kompromisslerisch devote Vater war da länger bereit, die Berufung des Sohnes über den Brotberuf zu stellen, und suchte beides vereinbaren zu helfen. Auch hoffte er, im Sohn den eigenen unbefriedigt gebliebenen Ehrgeiz befriedigt zu sehen, und blieb geschmeichelt durch dessen hochfahrend unrealistische Ambitionen, die er kleinbürgerlich unterzubringen dachte. Aber Carl verachtete diesen liberalen Anhänger Voltaires, Lessings und Rousseaus, der es verstand, gleichzeitig preußischer Monarchist zu sein und um der Karriere Willen jene Religion zu verleugnen, die dem Sohn doch eine himmlische Karriere vorgesehen hatte.

Bis zur Konversion vertritt die Mutter die Religion der Väter, und der leibliche Vater ist der mütterlich Besorgte : Aus dieser Konfusion wird Marx nie mehr herausfinden. Nach dem Tode des Vaters 1838 saß die Mutter allein auf dem Familienbesitz und erwartete vom Ältesten zu *pronowiren*, um der Herkunftsfamilie vorstehen und eine eigene Familie endlich gründen zu können. Spätestens jetzt wurde ihm die *arme Schmerzensmutter*, eine einfache, brave, tüchtige, sparsam wirtschaftende und ungebildete Hausfrau, die zeitlebens ihre *Entfremdung* von ihrer holländischen Familie bejammerte, zur *geizigen Alten*, die den verbummelten Studenten nicht länger pekuniär säugen wollte. Aber der liebe Carl war nicht mehr willens, bereit oder fähig, die im kleinen Jungen früh stimulierten Größenphantasien realistisch zu ermäßigen und vom Weltenschöpfer zum Familiengründer sich herabwürdigen zu lassen, vom Sohn Gottvaters zum bourgeoisen Familienvater depotenziert zu werden, der nicht mehr zum *Wohl der Menschheit* an seiner 'Vervollkommnung' arbeiten könnte.

Die Zumutung, seine Berufung zum Allerhöchsten in den Dienst eines Brotberufs zu stellen, hat Marx stets zurückgewiesen. Als sie ihn noch ernährten, hatten seine Eltern in ihm das Gefühl genährt, nicht sich und die Seinen ernähren zu müssen. Als die stolz besorgte Familie anfängt ihn zu drängen, er müsse für sich selbst sorgen, sieht er gar nicht ein, weshalb er plötzlich schuften soll für weniger als das, was er einst umsonst in Überfülle genießen durfte, im Namen seiner göttlichen Bestimmung, auf die er nicht mehr verzichten kann und mag. Er bleibt das, was er einmal war, das gehätschelte Vorzugskind. Er sieht sein Wesen in dem, was er für seine Eltern einmal gewesen ist : Erstgeburt, die für die Welt arbeitet statt wie sie und seine Geschwister für sich und die Familien. Als die Alten nach der Konversion und nach dem Tod des Vaters und vor Carls Eintritt ins Berufsleben und vor seiner Familiengründung alle aufhören, ihn zu vergöttern, beginnt seine Selbstberufung als ein Rückgriff auf seine frühe Kindheit, kurz vor seiner drohenden kleinbürgerlichen Reife. Vor diesem Erwachsenen, den sie ihm viel zu spät zugedacht haben, weicht er aus ins Infantile und erfindet die von den Eltern verraten geglaubte Religion neu. Aus der Not des geborenen Königssohns, der sich als Tagelöhner verding(lich)en soll, macht Marx die Tugend, in jedem Tagelöhner den betrogenen Prinzen zu sehen und herauszukitzeln. 'Mit Marx- und Engelszungen' werden die Erniedrigten und Beleidigten der Welt verführt, sich als Opfer des gleichen sorgsam maskierten Schicksals zu fühlen, als verkappte Königskinder, als verwunschene Prinzen, die für ein Linsengericht aus Kapitalistenhand ihr Erstgeburtsrecht verkaufen mußten. Sein Intellekt erlaubt ihm die kosmische Projektion seines privaten Elends als frühverzärteltes Kind, dem mehr versprochen war, als der spätere Arbeitslohn und die bürgerliche Erwerbswelt der Eltern abwirft. Es gelingt ihm, der Gesellschaft sein persönliches Problem zu unterstellen als allgemeingültiges, was unmöglich wäre, wenn die Gesellschaft ihm nicht im Innersten entgegenkäme. Marx reaktiviert die regressive Sehnsucht aller, als Erwachsene wie verantwortungslose, liebevoll vollversorgte Babys zu leben bis an ihr seliges Ende, heim zu den Müttern, am Busen der guten Mutter Natur zu liegen, ohne deshalb aufzuhören, die Privilegien der Großen zu genießen. Er zeigt den Ausweg auf, die Vertreibung aus dem Paradies des Säuglings rückgängig zu machen, indem wir uns die Erde untertan machen, jene Mutter Natur, der wir entwöhnt und entfremdet werden. Aber zwischen Karl Marx und der allgütigen Mutter Natur stand nicht nur kastrationsdrohend der Vater Heinrich, sondern *Engelsmutter* Henriette selbst. Der Auserwählte sollte sich wieder einreihen unter die Geschwister, nur einer unter anderen sein. Das war zu viel, weil es zu wenig war. Einer unter anderen sein, heißt noch unter ihnen stehen, wenn man einmal so hoch über ihnen thronte. Die so früh geweckte und dann notwendig enttäuschte Anspruchshaltung verkehrte sich in zynische Rachsucht und maßlosen Haß. Wenn nach Adorno „Utopie von der Liebe der Mutter zehrt“, gegen das bloße Realitätsprinzip des Vaters, dann zehrte Marxens Utopie von der überängstlich überfürsorglichen Verwöhnung der Mutter, von ihrem frühen Stolz auf den Erstgeborenen. Die Mutter, das war die Hexe, die das Erstgeburtsrecht des Ältesten verkaufte, das war das vom Vater geerbte Kapital, das den Sohn Gottes hatte finanzieren sollen, das war die *„ökonomische Scheiße“*, das mütterliche Privateigentum an Produktionsmitteln. Die Mutter, das war Natur und Kapital in einer Person. Geld war ursprünglich Schneckengehäuse und Muscheln, also Vagina-Substitute; für Marx ist der Geldfluss der verdinglichte Strom der Muttermilch. Sie saß auf dem Geld, das der Mann für sie erarbeitet hatte, anal-possessiv be-saß sie das dreckige Gold und rückte nie genug davon heraus. Dagegen wurde der zeitlebens arbeitende Vater fast schon der von ihr ausgebeutete *Herr Knoten*.

Die Mutter hatte stärker am Glauben festgehalten, der Vater länger an Carls Erstgeburtsrecht. Des Vaters schämte er sich, die Mutter haßte er. "Seine Mutter hat eine merkwürdig unbedeutende Rolle in seinem Leben gespielt." (*Isaiah Berlin* : „Karl Marx“, S. 40). Ganz im Gegenteil, wie bei Kierkegaard, der nur von seinem Vater sprach. Marx war nicht in der Lage, vom hohen Roß herunterzusteigen, auf das seine Eltern ihn selbst gesetzt hatten, und nun sollte er den Amtsschimmel oder die Rosinante reiten statt den Pegasus oder die Rösser des Helios? Gott war für ihn gestorben, nachdem die Eltern für ihn gestorben waren, für die Gott gestorben war um des Mammons Willen.

Wie aber sorgt man für den eingeborenen Sohn aus der Verbindung Gottvaters und der leiblichen Mutter, ohne ihn um den Mehrwert der Arbeit zu betrügen, die er für die Welt verrichtet? Schwiegersohn Paul *Lafargue* überlieferte Marxens Lieblingslosung : "Für die Welt arbeiten" statt für die Familie, also am "Kapital" statt für das Kapital (das dann der Unternehmer *Engels* beisteuerte).

"Ich lache über die sogenannten 'praktischen' Männer und ihre Weisheit. Wenn man ein Ochse sein wollte, könnte man natürlich den Menschheitsqualen den Rücken kehren und für die eigne Haut sorgen. Aber ich hätte mich wirklich für unpraktisch gehalten, wenn ich krepiert wäre, ohne mein Buch, wenigstens im Manuskript ganz fertig zu machen."

Er machte die Menschheit zu seinem Problem, indem er sein Problem zu dem der Menschheit machte und umgekehrt. Und er versuchte, das Problem der Menschheit zu lösen, um einen Ausweg aus seinem persönlichen Dilemma zu finden. Jeder könnte der Erlöser sein, also ist jeder der Erlöser, ohne es zu wissen, alle zusammen sind es. Wenn jeder ein Vorzugskind ist, ist es keiner mehr – außer Marx, der es als erster und einziger ganz ausspricht. Zwischen ihm und seiner Berufung als Schriftgelehrter stand das Kapital – der Mutter, die darauf sitzenblieb, wie Carl auf dem 'Kapital', für das er die Rezensionen selber schrieb. Seine Arbeit für die Welt war Schreiben, seine Praxis war Theorie, daß (fast) alle in seiner Lage waren, ihre Berufung für das Linsengericht des Arbeitslohns an einen Brotberuf verkaufen zu müssen, und daß ihre Berufung genau darin bestand, das nicht zu tun, während seine Berufung darin bestand, es ihnen zu sagen. Je mehr er der Menschheit gibt, umso weniger glaubt er zu bekommen von — der Mutter, verelendet in der Fremde erst des Studienorts Bonn usw. Nur das Nötigste, um weiter schreiben zu können, daß jeder sich das verkaufte Erstgeburtsrecht zurückerobert, weil er mehr verdient als er verdient. Je mehr der Vater für die Familie arbeitete und der Sohn für die Welt, umso reicher wurde Sie, die Monopolistin, die alle vampirhaft aussaugte wie der Säugling die Mutter. Marxens Antikapitalismus war auch Antifeminismus, Rache des sich sitzen gelassen geglaubten Lieblingskindes, das die Frauen durch Ausbeutung bestraft und sich paranoisch verfolgt durch das fühlt, was sie zu vergeben haben und ihm vorenthalten : Sinekuren für Gottes Rentner. Die Mutter schickte ihn auf die Straße : Das war Anstiftung zur Prostitution. Der Egoist sieht sich gefangen in einer Welt von Egoisten. Sie schreibt ihm : " ... nun kanst du mirs gahr als eine schwäche unseres geschlechts ansehn, wan ich neugierig bin wie du deine kleine haushaltung eingerichtet, ob die Oekonomie auch die Hauptrolle schpielt ... deine Liebenswürdige Muse wird doch nicht durch die Prosa deiner Mutter beleydigt fühlen, sage ihr durch das niedere wird das höhere

und bessere erziehlt ... ". Das ist die Theorie von Unterbau und Überbau in nuce. – " Im Falle von Marx mag die Aversion gegen seine Mutter eine besondere Bedeutung im Zusammenhang mit seinem Antisemitismus zukommen."
(Arthur M. Prinz).

Unter den gegebenen Umständen bin ich jedenfalls noch nötiger als die Alte, schrieb er Engels bei ihrem Tod, in Sorge um sein Erbe. Zeitlebens bleibt Marx, indem er ihnen in allem trotzt, an die Ordnungs- und Reinlichkeitsermahnungen der überängstlichen, "großen, herrlichen Frau" wohlfixiert. Dem ältesten Sohn schrieb sie : " .. ich las das Gefühl den vorang für den Verstand und ich bedaure lieber Carl das du zu vernünftig bist ... ". Der überlegen distanzierte Intellekt entfremdet ihn der Familie zusätzlich, die in der Diaspora schon entfremdet genug ist. Nur der Vater himmelt ihn noch an, als er das Elternhaus verläßt, um zu studieren : „Ich wünsche in Dir das zu sehen, was vielleicht aus mir geworden wäre, wenn ich unter ebenso günstigen Auspizien die Welt erblickt hätte. Meine schönsten Hoffnungen kannst du erfüllen und zerstören ... Ich will und kann meine Schwäche gegen dich nicht verbergen ... Dein hohes Emporkommen, die schmeichelnde Hoffnung, Deinen Namen einst in hohem Rufe zu sehn, sowie dein irdisches Wohl ... Ob du Deine Karriere für dies oder jenes Fach gestaltest, ist mir im Grunde gleich ... desto heiligere Pflicht übernommen, sich selbst dem Wohle eines Mädchens zu opfern ... in der wirklichen Welt, nicht im beräucherten Zimmer bei der dampfenden Öllampe neben einem verwilderten Gelehrten ... ". Am Ende überwiegen Unverständnis, Sorge, Vorwurf und auch Angst: "... daß der Egoismus in deinem Herzen vorherrschend ist ... etwas mehr, als zur Selbsterhaltung nötig ist ... Nein, Schwachheit, Verzärtelung, Eigenliebe und Dünkel allein reduzieren so alles auf sich ... So jung noch warst Du Deiner Familie entfremdet ... kränkelnde Empfindlichkeit ... stürmische Eigenheiten, heftige Aufbrausungen etc. etc. etc. ... So sehr ich Dich über alles , - die Mutter ausgenommen - liebe ... zurückscheuende Ungeselligkeit mit Hintansetzung alles Anstandes und selbst aller Rücksichten gegen den Vater - Die Kunst, mit der Welt zu verkehren, auf die schmutzige Stube beschränkt ... " — Schon im Abitursaufsatz will Karl nur der "Stimme der Gottheit" folgen, "von der Menge bewundert und über sie erhaben." Der Kampf gegen die Mutter Natur auch in ihm selbst beginnt : Die geliebte Frau Jenny büßt den Haß auf die Mutter und fühlt sich wie alle Frauen vom Paranoiker Marx bis zum Schluss angezogen. Der Mann, der so viel über Lebensmittel schrieb, soll nicht aus seinem Darm erklärt werden, aber seine vielen lebenslänglichen gastrointestinalen Störungen bezeugen die negative Mutterfixierung. Das Leben seiner Frau und seiner Töchter ruinierte er für sein Werk. Hegel kehrte er nur um, um ihn zu übertreffen im Kampf "gegen alle himmlischen und irdischen Götter, die das menschliche Selbstbewusstsein nicht als die oberste Gottheit anerkennen. Es soll Keiner neben ihm sein." Kants Widerlegung der Gottesbeweise benutzte er für seine Zwecke : "Wenn jemand sich vorstellt, hundert Taler zu besitzen, ... so haben ihm die hundert eingebildeten Taler denselben Wert wie hundert wirkliche. Er wird z.B. Schulden auf seine Einbildung machen, sie wird wirken, wie die ganze Menschheit Schulden auf ihre Götter gemacht hat ... Hat ein wirklicher Taler anderswo Existenz als in der Vorstellung?" Die hundert Taler seiner Mutter gingen ihm nicht aus dem Kopf, die fixe Idee wurde zur "materiellen Gewalt", "denn die Natur muß entzweigeschlagen werden, damit der Geist sich in sich selbst eine" à la Hegel.

"Ich bin nichts, und ich müßte alles sein". "Der Mensch, der Beherrscher der Natur", "reproduziert" sie nach seinem Willen : "Die Welt soll aus mir selbst entsteigen". "Marx bekennt sich zum Kommunismus, aber er ist ein Fanatiker des Egoismus" (Arnold Ruge). Der Schoß der Mutter war ihm eine lebende Geldbörse. "Das Proletariat vollzieht das Urteil, welches das Privateigentum durch die Erzeugung des Proletariats über sich selbst verhängt ".

Das hatte dieser Aristo-Säugling gegen den Bürger : "Er wurde nicht von dem Egoismus des Gewerbes befreit, er erhielt Gewerbefreiheit." Marx liebte sich und seine Eltern, sofern und soweit und solange sie in ihm den ältesten Sohn liebten und bevorzugten. "Ich habe den Eindruck mitgenommen, daß seine persönliche Herrschaft der Zweck all seines Treibens ist, und all seine Socien sind weit unter und hinter ihm, und wagen sie das einmal zu vergessen, so stuckst er sie in ihr Verhältnis zurück mit einer Unverschämtheit, die eines Napoleon würdig." (Techow). Mazzini nannte Marx einen "zersetzenden Geist, dessen Herz eher vor Haß denn voll Menschenliebe birst ... außerordentlich schlau, verschlagen und verschlossen. Auf seine Autorität als Parteichef ist Marx eifersüchtig, gegen seine politischen Rivalen und Gegner ist er rachgierig und unerbittlich; er ruht nicht, bis er sie zugrunde gerichtet hat; seine vorherrschende Eigenschaft ist grenzenlose Ambition und Herrschsucht." "Wie oft ... denke ich an die Geschichte dieses babylonischen Königs, der sich selbst für den lieben Gott hielt, aber von der Höhe seines Dünkels erbärmlich herabstürzte, wie ein Tier am Boden kroch und Gras aß ... In dem prachtvoll grandiosen Buch Daniel steht die Legende, die ich ... auch meinem noch viel verstockteren Freunde Marx ... und wie sie sonst heißen mögen, diese gottlosen Selbstgötter, zur erbaulichen Beherzigung empfehle.“ (*Heinrich Heine* : „Lutetia“)

"Diese Doktoren der Revolution und ihre mitleidslos entschlossenen Schüler sind die einzigen Männer in Deutschland, die Leben in sich haben und ihnen, fürchte ich, gehört die Zukunft.“

Einmal bewarb er sich um einen Job und war froh, daß die Bewerbung wegen schlechter Handschrift abgelehnt wurde. Was war Engels für ihn? "Er ist mein intimster Freund. Ich habe kein Geheimnis für ihn. Ohne ihn wäre ich längst gezwungen gewesen, ein 'Geschäft' zu beginnen." Marx konnte auch ihn ertragen nur, weil er freiwillig die zweite Geige spielte – und die bessere Mutter war : "Marx war ein Genie, wir anderen höchstens Talente." Erst nach dem ersten Band des 'Kapital' konnte er ihm schreiben : "Ohne dich hätte ich das Werk nie zu Ende bringen können, und ich versichere Dir, es hat mir immer wie ein Alp auf dem Gewissen gelastet, daß Du Deine famose Kraft hauptsächlich meinetwegen kommerziell vergeuden und verrosten ließest und, into the bargain, noch alle meine petites misères miterleben mußtest ... I embrace you, full of thanks! ... Deine selbstaufopfernde Sorge um mich ist unglaublich, und ich schäme mich oft im Innern – , doch ich will nicht jetzt weiter auf dies Thema eingehn." Was ihn nie hinderte, mit seiner Frau, die auf Engels eifersüchtig war, über das Alter Ego herzuziehen, das *seinen* unehelichen Sohn Frederick als sein Kind ausgegeben hatte, um die Ehe der Marxens zu schützen. Als Engels Lebensgefährtin Mary Burns starb, bat Marx im Kondolenzschreiben um mehr Geld. Die Freundschaft drohte zu zerbrechen, da entschuldigte sich Marx zum ersten und einzigen Mal in seinem Leben. Der Egoist verachtete den "Kommunismus als liebevollen Gegensatz des Egoismus" als "Liebessabbelei", den "Staat, sowohl als den Menschenkehricht, worauf er basiert“. Die "rücksichtslose Kritik alles Bestehenden" rechtfertigte Gewalt als "Geburtshelfer".

Höhepunkt im "Kapital" : "Je ein Kapitalist schlägt viele tot. Hand in Hand mit dieser Zentralisation oder der Expropriation vieler Kapitalisten durch wenige entwickelt sich die kooperative Form des Arbeitsprozesses auf stets wachsender Stufenleiter, die bewußte technische Anwendung der Wissenschaft, die planmäßige Ausbeutung der Erde, die Verwandlung der Arbeitsmittel in nur gemeinsam verwendbare Arbeitsmittel, die Ökonomisierung aller Produktionsmittel durch ihren Gebrauch als Produktionsmittel kombinierter, gesellschaftlicher Arbeit, die Verschlingung aller Völker in das Netz des Weltmarkts und damit der internationale Charakter des kapitalistischen Regimes. Mit der beständig abnehmenden Zahl der Kapitalmagnaten, welche alle Vorteile dieses Umwandlungsprozesses usurpieren und monopolisieren, wächst die Masse des Elends, des Drucks, der Knechtschaft, der Entartung, der Ausbeutung, aber auch der Empörung der stets anschwellenden und durch den Mechanismus des kapitalistischen Produktionsprozesses selbst geschulten, vereinten und organisierten Arbeiterklasse. Das Kapitalmonopol wird zur Fessel der Produktionsweise, die mit und unter ihm aufgeblüht ist. Die Zentralisation der Produktionsmittel und der Vergesellschaftung der Arbeit erreichen einen Punkt, wo sie unerträglich werden mit ihrer kapita-

listischen Hülle. Sie wird gesprengt. Die Stunde des kapitalistischen Privateigentums schlägt.
Die Expropriateurs werden expropriiert."
(MEW 23, S. 701)

Marx hatte nur ein Produkt auf den Markt zu werfen : "Das Kapital". Sein Wert : die zur Herstellung nötige Arbeitszeit – seine Lebenszeit. Sein Arbeitslohn : das zur Reproduktion der Schreibkraft Nötigste. Der Gebrauchswert : unbezahlbar; der Tauschwert geht gegen Null, ein Ladenhüter zu Lebzeiten. Gegenstand der Arbeit ist die Arbeitswelt selbst. Am Ende hat der Sohn nichts mehr zu geben und alles zu nehmen, die Mutter nichts mehr zu nehmen und alles zu geben. Sie bleibt auf dem Kapital sitzen, ihre Erstgeburt auf dem „Kapital“. Sie hat ihn erzeugt, er das Buch der Bücher über sie beide; also hat nicht sie seine Produktivität produziert, aber er ihr Kapital, das zur Fessel seiner Schreibkraft wird. Die Arbeit am „Kapital“ ist am Ende keine Arbeit am Kapital mehr. Warum nicht? Rosa Luxemburg kritisierte früh, es gebe das von Marx beschriebene Proletariat nicht. Warum statte das Kapital die Arbeitskraft nicht mit Kaufkraft aus? Ganz einfach : Mutter Marx hielt ihren Carl kürzer als das Kapital die Lohnarbeit. Der wirkliche Proletarier ist eben keine aristokratische Erstgeburt, die sich so weit unter Preis verkauft fühlt, wie Karl Marx sich fühlte, der immer gleich Surplusarbeit für die Menschheit leistete, mehr wert als alles, was er an kapitalisierter Mutterliebe zurückbekam.

Er beanspruchte nicht mehr Materielles, sondern über den rohen Kommunismus hinaus mehr und anderes als Finanzielles : Mater-ielles, das Erstgeburtsrecht zurück. Esau Marx wirft das Linsengericht in den Dreck, für das er verkauft wurde und sich verkaufte; anders als der Proletarier, der von seinen Eltern nicht zu Höherem bestimmt, d. h. für die Fabrikarbeit verdorben wurde. Der *Herr Knoten* wird nicht als 'Sohn Gottes' geboren, die Arbeitermutti erzieht ihn nicht anspruchsvoll und ungenügsam genug, nicht als verhinderten Schriftgelehrten, der auszuhalten ist. Er erwartet nicht mehr, als die Chefs zu geben bereit sind, die mit der Arbeitermutti wie unter einer Decke stecken, bislang. Die Herren Straubinger fühlen sich keiner Berufung entfremdet für ein Linsengericht, ihnen war, anders als Marx, nie mehr versprochen als die Abschöpfung der Geschöpfe bis zur Erschöpfung der Schöpfer. Sind die proletarischen Mütter nicht frustriert genug, um ihre Kinder so systemuntreu zu verwöhnen, daß sie kapitalistisch nicht mehr zufrieden zu stellen sind durch bloße Nachschläge auf den Teller?

Nebenbei : Ist es seinem Denken letztlich gut bekommen, dass er die adlige Tochter eines preußischen Ministers geheiratet hatte und sich von einem Unternehmer zeitlebens aushalten ließ?

Ein neues „Gothaer Programm“ wäre nötig. „In Erwägung“, dass nicht nur die Befreiung der Arbeiterklasse, sondern auch und gerade die Theorie ihrer Befreiung ein Werk der Arbeiter selbst sein müsste, wenn die „alte ökonomische Scheiße“ nicht ewig wiederkehren soll, bestünde der erste Schritt einer sozialen und nicht nur kulturellen Revolution darin, dass der Arbeitssklave sich selbst zum individuellen Geistesarbeiter machen müßte.

Wenn das ein nur utopischer Proletarismus sein sollte, wäre der zukunftsträchtiger und rationaler als jeder *wissenschaftliche Sozialismus*, den sich Bildungsbürger ausdenken könnten und den die „Knoten und Straubinger“ dann nur noch auszuführen hätten. Arbeitssklaven aller Länder, einigt euch, erst einmal euch nicht zu Kollektiven zu *verein*igen, sondern im Gegenteil aus dem Kollektiv heraus zu vereinzeln, auszudifferenzieren und zu vergeistigen – jeder in seiner stillen Studierstube.

„Diese Herrschaft der Freiheit kann nicht beginnen, solange die Arbeit nicht beendet ist, welche uns Notwendigkeit und äußerliche Endgültigkeit auferlegen.“ (*Karl Marx*: „Das Kapital“, III)

Und am Ende des Lebens : "Die Geschichte hat uns und allen, die ähnlich dachten, unrecht gegeben." (MEW 22, S. 515).

Oben und Unten

Niemanden macht er mehr auf sich aufmerksam. Die Mitleidskampagnen für ausländische Arbeiter sind fast abgeebbt. Als Flüchtling aus einem roten Groß-KZ war er der wahrhafte Revolutionär gewesen, aber das hat niemand gemerkt. Den Ruhm überlässt er neidlos denen, die die sowjetische Besatzungszone immer reformieren statt verlassen wollten. Er will keine schlafenden Hunde wecken. Wer weiß, wieviel Zeit ihm diesmal noch bleibt. Er läuft auf keinen Demos mit, sondern setzt sich nach Feierabend auf den Hosenboden und studiert nicht Karl Marx, sondern eher den biblischen Exodus aus dem ägyptischen Vaterland der Werktätigen. Seit 1945 lässt er sich von keinen neuen Bewegungen mehr mobilisieren, er hat seine Lektion gelernt. Er will kein Plebiszit der Straße, ihm genügt das demokratische Wahlkreuz. Seinen ureigenen Gewerkschaften traut er nicht, also alles zu.

Der Proletarier blieb buchstäblich kopflos. Immer haben sich Bürgerkinder seinen Kopf zerbrochen. Sie wollten immer nur sein Bestes, und das hat er ihnen immer gegeben. Tagsüber gehorchte er in der Fabrik den rechten Vätern, nach Feierabend auf der Straße ihren linken Söhnen. Solange der Körper des Arbeiters nur ausführen soll, was der rechte oder linke Geist des Bürgers sich so ausdachte, wird alles beim Alten bleiben. Daß kein Arbeiter davon etwas wissen will, spricht für und nicht gegen diesen Befund. Er versteht nur Bahnhof, denn er hat nur allzu gut verstanden.

Keine Bücher werden ihm zu Ehren mehr geschrieben, keine Lieder für ihn gesungen. Nun hat er endlich seine Ruhe. Die Revolution, das ist keine blutige Barrikade, sondern das erste alte Buch, das er nun liest, statt sich ein neues Auto zu kaufen. Er lebt in einer Demokratie. Er muß nur lernen, sie zu nutzen. Hat er erst genug Bücher gelesen, ist er endlich unfähig geworden, an der Durchdrehbank zu stehen. Wie Plato geht er aus der Höhle an die Sonne, um auf Ideen zu kommen. Er kann auf beliebig viele Dinge verzichten, wenn er nicht mehr auf sich selbst verzichten muß. Er ist nicht mehr durch seine Wünsche erpreßbar. Seine materiellen Bedürfnisse sind so gering, wie sein geistiger Nachholbedarf übergroß geworden ist.

Er liest, daß wir in die Verhältnisse angeblich viel zu verstrickt sind, um so viel Abstand zu gewinnen, daß wir sie durchschauen könnten. Wir seien keine Zuschauer, sondern Mitspieler. Diese beobachtete Wirklichkeit werde durch die wirkliche Beobachtung viel zu sehr verändert, um sie objektiv erkennen zu können. Die lesenden Arbeiter glauben kein einziges Wort davon. Sie alle sollen doch nur mitmachen, und keiner soll erkennen können, wobei er eigentlich mitmacht. Ich halte mich da raus. Ich bin ein Subjekt und kein Teil der Objekte. Nachträglich enthüllt sich, warum Adorno die Utopie nicht

„konkretistisch auspinseln" wollte : Der arme Industriearbeiter als kinderreicher Geistesarbeiter ist ein linkes Tabu, da er die bürgerliche Avantgarde funktionslos machen würde. Solange der Produzent sich vom bürgerlichen Textproduzenten vertreten läßt, bleiben beide voneinander zu Recht enttäuscht.

Adorno hatte gezeigt, was aus dem Geist wird, der die Kumpanei mit der Macht sucht. Er hat nicht gezeigt, was aus dem Geist wird, der nicht nur für die Ohnmächtigen spricht, zu ihren Gunsten und an ihrer Stelle, sondern Geist der Ohnmächtigen selbst wird. Die Ohnmacht des Geistes, der kein Geist der Macht sein will, ist erst behoben, wenn die Schmächtigen dieser Welt selbst Geist entwickeln, statt nur das Stück Materie zu sein, das sie bearbeiten. Im Gegenstand des Geistes rehabilitierte noch *Adorno* eher Mutter Natur als ihren proletarischen Erdensohn, also eher die Materie als den, der sich daran tagtäglich für ihn abschindet. Aber der Widerstand, den der Gegenstand dem Verstand entgegensetzt, ist nicht die Sperrigkeit eines Arbeitsmaterials, sondern ein Ding an sich, in dem der *Kant* der praktischen Vernunft die menschliche Freiheit selbst sah, *Adorno* aber nur den „blinden somatischen Impuls", der ihn als Gefühl überwältigen sollte, ohne ihn zu vergewaltigen.

Weisheit ist die Tugend einer Not. Früher wurde einer Philosoph, wenn er keine reichen Eltern hatte und trotzdem nicht ans Fließband wollte. Was wissen wir heute noch von Weisheit? *Platon* war ein griechischer Idealist. Der hatte noch Ideale. Wir sind realistischer. Wir haben keine Ideen mehr. Karl *Marx* hat *Platon* und *Hegel* widerlegt. Geld regiert und negiert die Welt. Die Leute reden von Ideen, die sie nicht haben, und meinen das Materielle, das sie ebenso wenig haben. *Descartes* hatte gesagt : „Ich denke, also bin ich." *Descartes* war zu verkopft und hatte keine Ahnung von Ahnungen und kein Gefühl für Gefühle. Ich bin, also denke ich nicht. Dann kam *Kant* und sagte: „Alles ist nur subjektiv." Jeder hat seine eigene Meinung und respektiert, daß andere auch keine haben. *Schopenhauer* war schon Pessimist, als es noch gar keine Umweltkatastrophen und Atomwaffen gab. Auf *Nietzsche* schwören alle Unmenschen, die sich für „Übermenschen" halten. *Sartre* war Existenzialist und wollte Freiheit für alle. *Bloch* war linker Utopist und wollte Arbeitsmaterial für alle. *Heidegger* war rechtsaußen und wollte dort immer nur sein „Sein". Dr. Lieschen Müller ist profunder Kenner der europäischen Geistesgeschichte.

Niemand weiß mehr, was *Hegel* noch wußte: Wahre Philosophie sagt den Gebildeten dasselbe in Begriffen, was die Religion dem Volk in Bildern sagt. Es ist Priesterbetrug, daß Religion nur Priesterbetrug sei. Es ist Jenseitsvertröstung, daß Religion nur Jenseitsvertröstung sei. Es ist reaktionär, daß ein frommer Mensch nur ein Reaktionär sei. Was als Mittel der Sklavenselbstbefreiung begonnen hat, ist von den Sklavenhaltern allerdings zu einem Mittel der Versklavung gemacht worden. Diese Sklaven waren so sklavisch, das zuzulassen. Aber Religion ohne revolutionäre Wurzeln ist ein Aberglaube, und Revolution ohne religiöse Wurzeln ist eine Konterrevolution.

Revolution wird heute als Aufhebung des biblischen Gesetzes verstanden. Heute wird Gottes Grundgesetz 'verabschiedet'. Die falschen Revolutionäre geben ihm den Abschied, statt es zu ratifizieren. Wahre Revolution, das wäre aber gerade die Rückkehr zum göttlichen Gesetz und seine Restituierung. Dieses Gesetz ist die Gebrauchsanweisung der ganzen Schöpfung, direkt vom Hersteller, der es schließlich am besten wissen muß. Wer die Bedienungsanleitung eines Produktes nicht beachtet, hat wenig Freude an seiner Erwerbung. Wer würde die genaue Beachtung eines solchen Beipackzettels im Ernst als einen Kadavergehorsam bezeichnen?

Man braucht nicht viel Köpfchen, um zu merken, daß es viel weniger 'verkopfte' Menschen gibt, als ihre Gegner ahnen lassen. Will man den hirnrissigen Widersachern astreiner Hirnmenschen glauben, ist es eine Sache 'leibhaftiger' Minderheiten, die Vorherrschaft der 'Eierköpfe' endlich mal zu brechen. Hier wird der Bock zum Gärtner gemacht. Die Suche nach Verkopften unter so vielen Verkörperten ist eine Suche nach der Nadel im Heuhaufen. Die Wahrheit ist, daß die Verkopften Körper haben, die allzu Verkörperten aber eher kopflos sind.

Ich denke nach und verschwinde dabei nicht in der Versenkung der Meditation. Wer meditiert, ohne auf Gedanken zu kommen, meditiert nicht. Wenn ich in mich hineinstiere, sehe ich gar nichts oder andere Menschen, aber wenn ich andere Leute sehe, erkenne ich mich selbst. Ich versuche aus dem Vollen meiner inneren Leere zu schöpfen, statt meinen Mehrwert abschöpfen zu lassen. Die kleinste Verdauungsstörung trübt das Bewusstsein, welches doch das Sein mitbestimmt.

Wer sich auf Politik einläßt, erlaubt den Mitmenschen, sich in seine Angelegenheiten zu mischen. Ich engagiere mich für Abstand von allen Engagements. Wer sich 'vernetzen' läßt, ist ein ins Netz gegangener Fisch. Es wird Zeit, wieder daran zu erinnern, daß das proletarische Objekt unter einen bürgerlichen Begriff der Befreiung vom bürgerlichen Begriff subsumiert zu werden pflegt. Es geht nicht nur darum, das Subjekt zum Objekt zu machen und das Objekt zum Subjekt, sondern den Herrn zum Knecht jener Knechtschaft zu machen, die zur Herrin über alle Herrschaft wird. Solange Leib und Seele, Körper und Kopf des Menschen auf zwei unterschiedliche soziale Klassen verteilt bleiben, fängt die alte Scheiße immer wieder von vorn an.

Auch bei Marx, Bloch und Adorno stammt die Theorie der Sklavenbefreiung nicht vom Sklaven, sondern eben von Marx, Bloch und Adorno. Sie stammt nicht von dem, dem sie in diesen Philosophien zugutekommen soll. Die Befreiungstheorie von Marx, Bloch und Adorno besteht nicht darin, daß die Befreiungstheorie vom Sklaven stammen soll. Sie besteht sogar darin, daß die Theorie seiner Befreiung keinesfalls vom Sklaven kommen darf, wenn die Befreiung gelingen soll. Wenn diese Theorie nicht *vom* Sklaven ist, sondern *für* den Sklaven ist, dann nicht deshalb, weil sie vom Sklaven nicht zu erwarten ist, sondern weil der bürgerliche Intellektuelle nicht überflüssig werden will. Die Objekte der Geschichte sollen Subjekte werden, aber nur als Objekte einer Philosophie, die nicht von ihnen entwickelt ist, sondern von Subjekten, die nicht deren Objekte werden wollen. Wenn ich Gegenstand einer Theorie bleibe, die mich zum Urheber einer Praxis machen will, dann werde ich schnell zum Objekt dieser Praxis.

Zu Bewußtsein kommen heißt für Menschen erst einmal, sich die Naturgesetze bewußt machen, denen sie unterworfen sind und deren sie sich bedienen können. Ich bin nicht frei von Naturgesetzen, ich bin frei, mich ihrer zu bedienen, und ich kann mir keine Naturgesetze zunutze machen, die ich nicht kenne. Die Freiheit von allem Beliebigen und für alles Beliebige, von der Sartre sprach, ist nur ein Trick der Natur, den Menschen mit seiner Natur bekannt zu machen. Wir erfinden unsere Natur, um zu entdecken, daß wir nur entdeckt haben, was wir zu erfinden meinten : „Kismet". Sartre behält allerdings Recht, wenn er sagt, daß ich zu entdecken glaube, was ich im Gegenteil immer erfinde. Ich stoße auf meine Erfindungen wie auf Entdeckungen, aber auch auf Entdeckungen, als wären es meine Erfindungen. Oder erfinde ich nur, daß ich meine Erfindungen nur entdecke? Wenigstens hat Sartre nur entdeckt und nicht erfunden, daß er seine besten Entdeckungen nur erfindet.

„Mensch, werde wesentlich!“, sagt *Angelus Silesius*. Die Existenz wird vom Gefühl, das Wesen einer Sache aber vom Gedanken erfaßt, lehrt eine alte Tradition. Sartre zieht aber nicht den Schluß, daß die nackte Existenz sich ihr Wesen selbst produziert, indem der Arbeitssklave zu Bewußtsein kommt und sich selbst einen ebenso besonderen wie allgemeingültigen Begriff vom Ganzen macht. Sartre deutet sehr richtig den Schritt vom Sein zum Wesen als Fortschritt vom Sein zum Bewußtsein, aber sein blind aktivistisches Vorurteil identifiziert das Bewußtsein kurzschlüssig mit gesellschaftlichem Engagement statt mit Abstand vom Betrieb. Kurz: Sartre beschreibt sein Bewußtsein wie einen Produktionsprozeß, damit der Produzent nicht zu Bewußtsein kommt.

Sartre könnte ja auf Proletarisch durchaus übersetzt werden. Der Arbeiter sollte sich eher herleiten von seiner Hinkunft als von seiner herkömmlichen Herkunft. Wenn er ein „etre-pour-soi" wird, wenn er für sich arbeitet, statt für andere, die nicht für ihn arbeiten, „transzendiert er das Sein", um es zu „enthüllen", d.h. um es als bloßes Arbeitsmaterial zu entlarven. Wenn Sartre Bewußtsein sagt, meint er Freiheit vom Sein. Er schöpft aus dem mystisch Vollen dieser sich selbst durchsichtigen Leere. Aber wenn ein Arbeiter (sich) etwas aus dem macht, was aus ihm gemacht wird, wenn er sich permanent „losreißt" von dem Sein, das er bearbeitet, dann wäre er ein Körper, der seinen eigenen Kopf entwickelt, statt nur mit seinem Körper auszuführen, was ein Bürger mit seinem Kopf sich ausdenkt. Sartres „Existenz, die sich ihr Wesen erfindet", ist einfach nur ein nacktes Existenzminimum, das anfängt, selber nachzudenken und einiges Unwesen loszuwerden.

„Der Mensch ist zur Freiheit verurteilt", das Schicksal liegt in der Befreiung vom Schicksal : Der Kopf verurteilt sich zur Befreiung vom Arbeitsmaterial. Aber Sartre beschreibt la conscience nicht zufällig noch viel zu sehr nach dem Bilde der materiellen Produktion statt der schöpferischen Kunst. Da ist die Rede von Plänen, Projekten, Mitteln und Werkzeugen. „Proletarischer Existenzialismus“ bestünde nicht in einer *fraternité-terreur* militanter Gruppen, sondern darin, Freiheit in der Selbstbeschränkung auf das materielle Existenzminimum und auf das geistige Existenzmaximum zu suchen.

Der § 1 jeder proletarischen Philosophie lautet, daß die Proletarier ihre proletarische Philosophie selbst zu entwerfen haben.

Philosophie heißt, Gott weltgeschichtlich zu erkennen nicht als Pazifisten, sondern als Kriegstreiber gegen faulen Arbeitsfrieden. „Kriegsgefahr ist auch jetzt noch das einzige, was den Despotismus mäßigt, ... so lange nun noch die nomadischen Hirtenvölker, welche allein Gott für ihren Herrn erkennen, (als abgesagte Feinde alles Landeigentums) die Städtebewohner und Ackerleute, welche einen Menschen (Obrigkeit) zum Herrn haben, ... anfeindeten und von diesen wieder gehasset wurden." *(Kant:* „Mutmaßlicher Anfang der Menschengeschichte", 1786) Der Sündenfall, sesshaftes Ackern von Besitzenden, nutze nur der Gesellschaft und schade dem monadischen Individuum.

„Mensch und hebräisch *enosch* (Mensch) zeigen Ähnlichkeit mit einer Reihe wie lat. *unus* (ein) und griech. *monos* (allein), Monachos (einsam) ..." *(A. Wadler:* „Der Turm von Babel", 1935). Der Geist zerbricht Kontexte und fügt die Bruchstücke richtiger zusammen : Einzig originell ist, wer bisher unbekannte Wirk-lichkeit enthüllt oder erschafft.

Abel war Gottes Favorit, weil er Nomade, nicht, weil er Bauer Kains Opfer war. Vita contemplativa, Orient-ierung nach Sternen : Die Schöpfung will er-fahren und nicht bearbeitet sein; Arbeitszeit vergeht, Sklaven gehen ihrer Wege. (Mt. 6,26)

Drecksarbeiter aller Länder, zerstreut euch!

Nach nichts wird nun mehr gerufen als nach Bildung, für nichts soll mehr Geld ausgegeben werden. Mit nicht eingebildeter Bildung ist nicht Humboldts Ideal zweckfreier Persönlichkeitsbildung gemeint, sondern Ausbildung und Abrichtung jedes Einzelnen für den freien Arbeitsmarkt, für Wettbewerbsfähigkeit im Konkurrenzkampf um höhere Profite. Hochindustriegesellschaft im Zeichen digitalisierter Globalisierung verlangt neue Arten von Fachkräften mit Expertenwissen in exotischeren Produktionssegmenten. Wer nicht mitkommt im Rattenrennen, fällt hinten runter, ins soziale Auffangnetz, um Aufruhr zu unterbinden. Wo landen am Ende die sozialen Fußkranken, außer bei den rechten Parteien, wenn man eher die richtige nationale Rasse als die richtige rationale Klasse hat?

Schätzungen gehen von einem Viertel bis Drittel der Bevölkerung aus, das nicht fit zu machen sei für eine „Industrie 4.0“ der vernetzten Dinge (oder „Industrie 7.0“ der automatisierten Mitbürger). Die chronisch Kranken, Verwahrloste und *geistig Minderbemittelte* müssen ja mitgeschleppt werden. Die Anforderungen fortgeschrittenster Hightech-Gesellschaften an den einzelnen Arbeitnehmer und Dienstleister werden so hochgeschraubt, dass ein stetig wachsender Bevölkerungsanteil nicht mehr fähig ist zu folgen und damit Lebenssinn und Lebensunterhalt zu bestreiten. Konzentrationsfähigkeit, Flexibilität, Ausdauer, Sozialkompetenz und Intelligenzquotient von immer mehr Bürgern reichen nicht mehr aus für Anforderungsprofile vieler Erwerbsberufe. Diesem stetig wachsenden globalen Anteil bleiben nur einfache wie billige, un- und angelernte Drecks- und Knochenarbeiten oder Almosen, um ihr Leben im Rahmen dieser Strukturen zu fristen. Sach- und Facharbeiter sind gut *integriert,* und *Lumpenproletarier* machen nur noch den weltweiten Dreck weg, wenn sie nicht auf Mülldeponien nach Verwertbarem stochern. Diese globalisierten Müllwerker räumen der Industriegesellschaft ihren Dreck aus dem Weg. Die Umwelt ist alles, was der Abfall ist, also die Unterwelt, und wer den Abfall beseitigt, sollte abfallen von denen, die ihn machen. Sein Aufstand und sein Aufruhr ist das Wesen der zeitgemäßen Utopie in konsumhedonistischen Überflussdemokratien. Er verfault nicht weich, er arbeitet hart. Vom Mehrwert bleibt bei Abgehängten nichts hängen als konterrevolutionäre Abfälle. Sie sind anerkannt als der Dreck, der den Dreck wegschafft, den die Schaffenden machen. Ihr wirksamster Aufruhr aber rennt nicht in MG-Salven, sondern ist Sitzstreik auf dem Hosenboden, um für sich selber Bücher zu lesen, statt für Bürger Müll aufzulesen. Wenn Gott nicht mit diesen Parias ist, ist niemand mit ihnen, und Er hat gesagt, Er sei mit den geistig Zerschlagenen, die aus der Welt nicht klug werden. Sie könnten ja auch die Metropolen verlassen und die Bürger einfach ersticken lassen unter ihren nicht abgeräumten Müllbergen und so wieder Nomaden werden wie vor 10.000 Jahren, lange vor Ackerbau und Viehzucht auf eingezäuntem Grundbesitz. Die Erkenntnis, wie aus Gottes Schöpfung eine eigene, vermeintlich bessere Schöpfung zu machen sei, vertrieb uns aus dem Wildwuchsgarten Eden und verurteilte uns zu gottverfluchtem Ackern. Die Bibel hat dieses weltgeschichtliche Urereignis gleich zu Beginn festgehalten als ein Hohn auf Gottes Ur-Tipp für alle Menschen. Wie sähe eine noch nicht blamierte Utopie nun aus? Die für die *verwaltete Welt (Horkheimer)* Unqualifizierbaren werden wieder unsesshafte Nomaden, seit Urzeiten die Bürgerschrecks schlechthin, oder gehen am Dreck zu Grunde, den sie wegmachen sollen. Sie desertieren aus Stadt- und Landwirtschaften, sie sind die „goldene Horde“ der Romantik und bilden doch keine Herden, denen sie von Weideplatz zu Weideplatz folgen, sondern versickern überall zu verfeinert vagabundierenden Individuen mit unendlichem geistigen Nachholbedürfnis, mit Büchern in den Händen statt nur Dreck an den Händen -- nie wieder Bürger.

Plädoyer für die utopische Hochrisikogruppe plebejischer Intellektueller

Riskante Risikoabwehr

Jeder Sterbliche gehört wohl zu mindestens einer „Risikogruppe“ und derzeit nicht nur zur prominentesten Weltrisikogruppe der Weltvirusopfer und auch nicht zwingend zur *Restrisikogruppe* besonders gefährdeter Hochbetagter und/oder Vorerkrankter, von denen plötzlich die dauermediale Rede ist. Jeder Mensch zählt zur täglichen Verlustrisikogruppe der Todeskandidaten, aber nicht jedermann jederzeit in gleichem Wahrscheinlichkeitsausmaß. Arme, sozial Schwache und Benachteiligte gehörten schon immer zu viel mehr Hochrisikogruppen als Reiche, Mächtige und sonst Privilegierte. Die sozialen Gruppen/ Schichten/Klassen unterscheiden sich auch nach Art und Grad ihrer Risiko-Expositionen in Fabriken und Büros, Villen und Baracken, Elendsquartieren und „gated communities“.

Ein deutscher Zeitsoldat, der am Hindukusch Dienst tut, geht kein Risiko ein, weil er diesen Aufenthalt ja nicht frei gewählt hat, aber läuft doch hochexponiert Gefahr, nicht nur nächstens erschossen zu werden, sondern auch von seiner emanzipierten Frau/ Freundin daheim nach Strich und Fädchen betrogen zu werden, was seine Kampfeskraft sicher erhöht.

Jeder Autofahrer riskiert auf den Straßen bewusst die tägliche Möglichkeit, Mörder oder Mordopfer zu werden : Tatwerkzeug PKW. Es lauert überall neben jeder Gewinnchance ein dazugehöriges Verlustrisiko, sodass der renommierte Soziologe *Ulrich Beck* die moderne „Risikogesellschaft“ kreierte, welche zu jeder technologischen Neuerung eine ständig nachzukontrollierende *Folgenrisikoabschätzung* von Expertenkommissionen verlangte, um den „gesellschaftlichen Fortschritt“ (sprich: persönlichen Rückschritt) beherrschbar zu halten – und damit nicht jede Problemlösung schärfere Probleme schafft, als sie zu beseitigen verspricht.

Die soziale Unterschicht der Lohnabhängigen in den Fabriken riskiert täglich und weltweit auf allen Feldern (Gesundheit, Gratifikationen, Ansehen, Gerechtigkeit etc.) ungleich mehr als schon die vergleichsweise privilegierte Kleinbürgerschicht der Angestellten in den Büros. (Und unendlich mehr als die bearbeitete "Umwelt" selber.) Der Mittelstand ist Sklave der Oberschicht und darf dafür die Sklavenpeitsche über die gesichtslose Unterschicht schwingen. Die Obertanen leisten sich mittelständische Expertenkulturen und Managerheere, welche die Drecks- und Knochenarbeiten für sie dirigieren dürfen. Wie sind die „Risikogruppen“ wohl zwischen Eliten und Mob, zwischen Adel und Pöbel verteilt?

Das medial unablässig heraufbeschworene Risiko einer („menschgemachten“ und damit unterschiedslos alle Menschen betreffenden) globalen „Klimakatastrophe“ und „Umweltzerstörung“ z. B. soll nur ablenken von den Risiken, denen die Parias und Arbeitssklaven seit Anbeginn aller Hochkulturen tagtäglich ausgesetzt waren bis auf den heutigen Tag und Sankt Immerlein. Die ökonomische Frage war immer dringlich, die ökologische Frage ist nur aufdringlich. An der „sozialen Frage“ allein ist in the long run bisher ausnahmslos eine jede Kultur und Gesellschaft gescheitert und schließlich zu Grunde gegangen – wovon unsere Wissenschaftler bis heute nicht viel wissen wollen.

Das Risiko, dass die *grüne Naturmutter* schlapp macht, wenn man sie weiterhin großchemisch „schändet“, ist sicher vergleichsweise gering gegenüber dem Risiko, dass die menschliche Natur der industriellen Naturbearbeiter zerstört wird. Das herbeigeschriene grüne Risiko soll das stille rote Aufruhrrisiko vielleicht nur verdrängt halten.

Die Welthöchstrisikogruppe aber scheint mir derzeit allgemein nur aus einem autonomen "Individuum" zu bestehen und im Besonderen aus dem proletarischen Individuum, das von allen Kollektiven (und Gegenkollektiven) gleichermaßen kolonisiert und bedroht ist. Der individualisierte Bürger riskiert seine Isolation, der einzelne Prolet läuft hingegen ständig Gefahr, in der Masse seiner Klasse verschwunden zu bleiben und zugleich von mächtigen gesellschaftlichen Interessengruppen und "Rackets" vereinnahmt, beansprucht, umworben, unterdrückt und ausgebeutet zu werden. Die unterste Klassengruppe riskiert es, ewig unten zu bleiben, solange sie sich nicht in ihren Individuen endlich einmal „verfeinert“ – psychisch und intellektuell, autodidaktisch hochkulturell und künstlerisch. Das ist der erste Schritt zu einer *Sozialrevolution,* die diesen Namen verdienen würde und keine bildungsbürgerliche "Kulturrevolution" bleibt, die es riskiert, wie alles andere folgenlos im Sande zu verlaufen ...

Die Reichen und Mächtigen bilden eine Risikogruppe, weil sie ein permanentes Risiko sind für die Geistreicheren und Schmächtigeren. Das größte

Risiko besteht immer darin, jedes zu meiden. Der proletarische Intellektuelle wäre ein Risikowagnis für sich und seine Gegner, die im Traum nicht mit ihm rechnen.

Der unabhängige Einzelne, kein einmaliger Verein, ist das einzige vollkommene Ebenbild des Einen im Himmel und riskiert es lieber, im Bunde mit dem Allmächtigen alle Mächtigen zu distanzieren, als umgekehrt im Bunde mit seinen Herr(schaft)en den himmlischen HErrn herauszufordern. Die "Bible Left" enthält "im Namen des restaurierten Gesetzes" eine komplette monotheistische Sklavenselbstbefreiungstheorie, die weitaus weniger riskiert als jeder andere „Revolutionssozialismus", ob nun links oder rechts. – Auch Proletarierinnen zählen zu den Höchstrisikogruppen, sofern sie teuflisch versucht sein könnten, sich hochriskant vom Familienband fürs Fließband und von Mann und Kind für Firmenchefs "feministisch zu emanzipieren".

Handarbeiter(innen) müssten ja Kopfarbeiter(innen) werden, sonst riskieren sie Verewigung des Althergebrachten.

Der intellektuelle Arbeiter

Sollte dem „Tui“, dem Paria gegen die Parvenüs, ein *bedingungsloses Grundeinkommen* ausgesetzt werden, um ihn keinem Erwerbsleben in einer überfordernden Arbeitsgesellschaft auszusetzen? Er will und kann die gesellschaftlichen Verhältnisse, die jeden zum Existenzkampf verhalten, nicht ändern, sondern will nur verstehen, was er und manch anderer nicht ausstehen können und das Erklärte an ein potentiell verständnisvolles oder einverstandenes Publikum weitergeben. Das ist kein bezahlter Job, sondern eine Sozialhilfe-Existenz in einem Sozialstaat, der sich in hochindustriellen Leistungsgesellschaften den Luxus leisten kann und soll, weder Mobs noch Revolutionäre gegen sich zu produzieren, sondern ungefährlichere Widerstandsformen.

Eine Funktion des Sozialstaats ist die Revolutionshygiene oder christliche Nächstenliebe oder einfach nur die Gewährung des Menschenrechts auf eine menschenwürdige Randexistenz in der Gesellschaft außerhalb von ihr. Diese integrierte Exterritorialität oder exklusive Inklusivität des *Tui* will als systemexternes Subsystem geduldet und alimentiert sein, wenn die Gesellschaft auch diese Bohème umfasst, welche Marx noch als reaktionäres *Lumpenproletariat* von den produktiven Proletariern wegschob. Existenz und Geist des proletarischen Intellektuellen sind so bedroht wie Leib und Leben des echten Parias. *Hannah Arendt*, die gewöhnlich als politische Aktivistin missverstanden wird, hatte diesen intellektuellen Paria auch für ihre Person ausdrücklich philosophisch gefordert und gerechtfertigt. Die fortgeschrittene Industriegesellschaft ist mehr als reich genug, ihn wenn nicht zu fördern, so doch zu tolerieren. Nicht jeder Begabte muss einen bürgerlich nützlichen Beruf ergreifen wie Lehrer, Ingenieur, Wissenschaftler, Arzt, Anwalt, Pfarrer etc. Manche Hochbegabte z.B. wollen und können nicht so leben, sie finden die bürgerliche Existenz in der Erwerbsgesellschaft schlicht unerträglich und suizidal grauenvoll. Der Verwaltungsphilosoph *Luhmann* hatte gezeigt, dass Weltverbesserung durch Intellektuelle nur Weltverschlechterung sein könne, weil die intellektuellen Generalisten den spezialisierten Sachverständigen in hochkomplexen Gesellschaften nicht ersetzen oder gar ausstechen können. *Tuis* treiben die gesellschaftliche *Komplexitätsreduktion* zu weit, um nützlicher zu sein als etwa Künstler. Ein Unterschicht-Tui will die Gesellschaft in Ruhe lassen, um von ihr in Ruhe gelassen zu werden und nur seine einsamen Exerzitien zu betreiben. Er ist einer von Luhmanns Beobachtern, der schriftlich mit anderen Beobachtern kommuniziert und die Undarstellbarkeit des Ganzen und seiner selbst darin darzustellen sucht. Intelligenz ist eine spezielle Form von Formfindung, welche das *Interesse an Interessenlosigkeit* (Bourdieu) wahrnimmt in den durchökonomisierten Gesellschaften. Mit Kunst habe sie gemeinsam, dass und wie der Darsteller sich selbst nicht mitdarstellen kann : Ich sehe was, das du nicht siehst, und sehe, dass ich nicht sehe, was ich nicht sehen kann von meinen Blickwinkeln aus. Dichter wie Denker wollen und können der Selbsttotalisierung von sozialen und geistigen Systemen Schranken setzen, indem sie zeigen, dass alles auch ganz gut anders sein könnte. Die Funktion der „Kontingenzemanzipation" verhindert, dass gelehrte Poesie oder imaginärer Sachverstand nur inkompetentes Ressentiment von Beherrschten wird. Für Luhmann sind Intellektuelle nicht brauchbar als innergesellschaftliche Brandbeschleuniger und Partisanen, sondern nicht mehr als Begriffskünstler. „Lumpen-Tuis" leben mit ihren „Glasperlenspielen" in den säkularisierten Mönchsorden der Hightech-Gesellschaften und entwerfen Utopien der Moderne und Antimoderne.

„Freischwebende“ *(Mannheim),* allgemeingebildete Intelligenzen vertreten universelle Normen agonal, ironisch und dissentiell öffentlich mit geschulter politischer und kultureller Urteilskraft. *Max Weber* sprach auch vom „theologischen Intellektualismus“.

Dieser Reflexionsartist entbehrt „der festen sozialen Klassifikation. Er gehört zu einer Art von Pariakaste …“ (1921) : Arendt schloss sich dem Ausdruck an. Das Lachen der thrakischen Magd ist auch für den proletarischen Intellektuellen ein Existenzberechtigungsnachweis. Ohne Zugang zu Qualitätsmedien ist er aber kein pamphletistisches Frühwarnsystem mehr, sondern Selbstverleger mit sehr begrenzter Wirkungsreichweite beim öffentlichen Exponieren.

„Dass jemand sich gleichschaltete, weil er für Frau und Kind zu sorgen hatte, das hat nie ein Mensch übelgenommen. Das Schlimme war doch, dass die dann wirklich daran glaubten!“ – „weil man sich sozusagen zu jeder Sache etwas einfallen lassen kann … zum Teil ungeheuer interessante Dinge! … Sie gingen ihren eigenen Einfällen in die Falle …“ (Hannah Arendt, 1997). Der unverantwortliche Ästhetizismus der intellektuellen Praxis ist interesselos à la Kant. „Ich selber wirken? Nein, ich will verstehen“ und dann andere belehren und überzeugen.

Universaltranszendentale Begründung von Diskurskommunikation in jeder Sprache bei *Habermas* und *Apel* lehnte *Bourdieu* als zu unhistorisch ab. Die Möglichkeitsbedingung von Veröffentlichungsforen müsse soziohistorisch schon etabliert sein. Der *Tui* hält Kulturfelder frei von Geld, Macht und Würden. „Der Intellektuelle ist ein paradoxes Wesen", das sich zwischen Autonomie und Engagement nicht entscheiden müsse, aber gegen durchökonomisierte Wissenschaften. Er müsse die autonome Eigenlogik von ihm bewirtschafteter Subsysteme verteidigen. Er ist für Luhmann entweder nur anmaßender, aber unterkomplexer *Meisterdenker* oder „moralistischer Terrorist", der keine Gesetzesblätter liest und für sich die Position des *unbeobachtbaren Beobachters* und unbewertbaren Auswerters beanspruche, statt wie der Künstler die ‚Emanzipation der Kontingenz' „als Modell der Gesellschaft in der Gesellschaft ins Werk zu setzen." (Niklas Luhmann : „Die Kunst der Gesellschaft", 1995) Als Spezialist fürs Generelle und essayistischer Systemkritiker und hat der Intellektuelle bei Luhmann ausgedient. Laut *Sloterdijk* weigern sich Bohème-Tuis sogar, westlichen Überfluss in die Sprache des Mangels zu übersetzen, und schweigen. Das mag für bürgerlich saturierte Intellektuelle gelten, die ihr Privileg nicht reflektieren.

Industrialismus, Freiheit und Freizeit

„Der Mensch rollt seinen Wagen, wohin es ihm beliebt, aber unter den Rädern dreht sich unmerklich die Kugel, die er befährt.“ *(Eduard Mörike, 1832)*

Mit der Industrialisierung waren einstmals sehr große Hoffnungen und Versprechungen verbunden. Die harten Knochenarbeiten und nervtötenden Routinearbeiten sollten fortschrittweise von leblosen Maschinen übernommen werden, so dass der Mensch und *jeder* Mensch endlich freigestellt würde für immer Schöneres und Besseres. Nun sind in den Industrienationen die allerschlimmsten Drecks- und Muskelarbeiten tatsächlich fast verschwunden, aber die Menschen arbeiten immer noch nicht weniger, sondern eher mehr als zu Zeiten der Ochsen und der Pferde. Die Produktivität der Arbeit ist durch maschinelle Rationalisierung so gesteigert worden, dass die Erwirtschaftung des Lebensnotwendigen nun immer weniger durchschnittliche Arbeitszeit erfordert. Aber anstatt die durchschnittliche Arbeitszeit daraufhin schrittweise zu drosseln, um endlich mehr leben als schuften zu können, wird sie eher erhöht und mit mehr Arbeit vollgepackt, um sich im Überfluss noch mehr Überflüssiges kaufen zu können. Je mehr und bessere Maschinen entwickelt werden, umso stärker wird gleichzeitig die menschliche Arbeitskraft beansprucht, um ihre Kaufkraft zu steigern. Besser als das Leben ist nur ein besseres Leben, und als besser gilt nun ein Leben, das sich immer mehr und Besseres leisten kann, je mehr es leistet.

Als der antike Sokrates auf einen Markt ging, soll er angesichts der Warenfülle gesagt haben: „Wie vieles gibt es doch, was ich nicht brauche." (Und wofür er also nicht schuften musste.) Der Weise von heute sagt : „Man tut seinen Job, den man hasst, um sich Dinge kaufen zu können, die man nicht braucht." Oder die man nicht brauchen sollte, wenn man nur zu leben verstünde. Das alte „Savoir-vivre" ist kaum noch eine französische Tugend, geschweige denn schon globalisierbar. Wer den lieben langen Tag, den Gott werden lässt, für Lebensmittel hart arbeitet, hat keine Zeit und Kraft mehr zum Leben selber. Die Mittel und Wege haben die Zwecke und Ziele aufgefressen. Mit weniger Geld und mehr Zeit könnte man recht gut leben, mit mehr Geld aber nur weiterwerkeln für noch mehr Geld – und das aus purer Angst vor Hungertod, Inflation und Pennerdasein.

Aber wer mit viel mehr Freizeit nicht viel mehr anzufangen wüsste, der schlägt seine Zeit doch viel lieber mit Schuften tot als mit Billig-Bier vor Online-Pornos oder mit guten E-Büchern in Lese-Ecken. Das Schuften für Reichtümer wurde inzwischen ein hochgeistiges Armutszeugnis, aber man braucht schon einen recht veritablen materialistischen Idealismus, um sich tagtäglich dem *Wertgesetz* des von Menschen geschaffenen Kapitalgroßautomaten zu unterwerfen, statt mit bescheideneren Mitteln sein kurzes Leben zu genießen. Wem Zeit nicht mehr ist als Geld, schlägt sie am besten lebenslänglich mit Überstunden tot. Wenn viel Freiheit mit viel, viel Freizeit beginnt, endet sie schon in Büros und Fabriken. Aber „*wir verwirklichen uns selbst*" am Arbeitsplatz fern der Sonne, heißt es heute. Statt ganz neue Bedürfnisse nach immer anspruchsvollerem Leben zu entwickeln, lässt man sich zunehmend einwickeln von immer denselben Bedürfnissen nach immer alberneren Hochindustrieprodukten und kindischeren Prestigesymbolen, mit ressourcenvergeudenden Krach-Autos und gut überwachten PC.

Wer selbst in der Jugend kein Idealist war, sondern schon als Realist und Pragmatiker geboren wurde, wird seinen Brotberuf ja vor allem danach aussuchen, wie viel Wohlstand er verspricht und wie viel soziales Prestige er voraussichtlich abwerfen wird. Zu oft wird heute nicht Lehrer, wer eine pädagogische Ader hat, sondern wer Beamter werden will und für weniger Arbeitsstunden mehr Geld und Sozialprivilegien bekommt und inzwischen sogar noch zusätzlich ungestraft „bummelstreiken" darf. Man wird nicht Jurist, weil man schon als Jugendlicher den Erniedrigten und Beleidigten zu ihrem guten Recht verhelfen will, sondern weil das ein gutdotierter Akademikerposten ist mit erklecklicher Platzierung im Sozial-Ranking.

Das Akademikerkind studiert ja selten aus unbezähmbarem Interesse an den studierten Fächern. Man wird zu oft nicht Arzt, weil man erst einmal die unwiderstehliche Neigung und Eignung zum Helfen und zum Heilen hat, sondern weil schon Eltern und Großeltern Hochschulen absolviert haben und man an deren Lebensstandard inzwischen suchtgewöhnt ist.

Man sieht einen erheblicheren Fortschritt darin, seit Luther nicht mehr der Meinung zu sein, dass Arbeit schändet, sondern der Überzeugung zu sein, dass selbst Industriearbeit adelt, wenn sie die Familie mehr als nur ernährt. Die Antike hielt sich Sklaven, weil sie der begründeten Ansicht war, dass Arbeit schändet. Die Antike irrte nicht, weil Arbeit in Wirklichkeit adelt, sondern weil die Sklavenhalterei eine uralte Schande der Menschheit ist. Sobald aber menschliche Arbeitssklaven durch seelenlose Maschinen mal ersetzbar waren, sollte Arbeit wieder schänden und das sein, was sie für Menschen seit allem Anbeginn der Zeiten gewesen ist, ein Fluch, vor allem Arbeit für Dinge, die über die alltägliche Notdurft und über „Gottes Luxus" weit hinausgehen. Für Essen und Trinken, für ein Dach über dem Kopf und für bescheidenen Komfort wie Waschmaschinen und Kühlschränke müsste niemand auf der Welt beim derzeitigen hochindustriellen Arbeitsproduktivitätsstand mehr als eine einzige Stunde täglich arbeiten müssen. Wer mehr arbeitet, tut das für seinen Luxus – oder eben für den Luxus seiner Ausbeuter. Wer sich mehr abrackern will, um sich lächerlichen Tand wie Eigenheime und Nobelrestauranttrips, hippe Smartphones und Swimmingpools, luftverpestende Mord-PKW und kerosinfressende Flugzeugreisen leisten zu können, sollte das tun dürfen, soweit er anderen damit nicht das Leben schwerer macht : Und das dürfte nun schwerfallen. Kurzum : Ist das Leben lang genug, um es mit stupidem Sex und Sport, Joggen und Yoga, Autofahren und Basteln, Reisen und Surfen zu verspielen?

Wer den Sinn seines Lebens darin findet, sich einen Posten in der arbeitsteiligen Hochleistungsgesellschaft zu suchen, hat sich kaum oft genug gefragt, ob er ein besonders sinnvolles Leben gewählt hat. Der Sinn eines Lebens als Autotechniker, Chief-Consultant, Kaufmann, Händler, Coach, Medienexperte, als Werbegraphiker, Kulturbetriebsnudel etc. etc. etc. besteht darin, seine Kohle zu scheffeln, nicht in der Tätigkeit selbst, die meist völlig sinnfrei ist und deren Nutzen eher in ihrem Schaden liegt, also darin, Kapital irgendwo zu vernichten, um anderswo Kapital anzuhäufen. Wer nicht langsam aber sicher wieder ein unabweisbares Grundgefühl dafür entwickelt, dass es eine Schande sein sollte, sein Leben als „kreatives“ Funktionsrädchen in einem arbeitsteiligen Gesamtgetriebe von Betrieben zu beschließen, der weiß gar nicht mehr, was Leben ist und schon einmal war, bevor es in Erwerbsarbeit ausartete, erst ins Umwühlen des von Gott verfluchten Ackers und dann ins immer arbeitsintensivere Bedienen immer ausgefuchsterer Maschinenparks.

Als der Steinzeitmensch noch gemächlich seiner Herde folgte, noch kein einziger Getreidehalm angebaut war, noch niemand ein abgestecktes Stück Land dem Weltschöpfer geklaut und kriegstreibend für sich allein beansprucht hatte, als die Gesellschaft nicht viel größer war als ein freiwillig lockerer Verband von Großfamilien und Sippen in der Steppe, als die Machthierarchien nicht viel steiler waren als die zwischen Mann und Frau und Kind(eskind)ern, als der Unterschied von Mensch und Landschaft noch kein Unterschied von Stadt und Landwirtschaft war, nannte die Bibel diesen Zustand den *Garten Eden*, das Paradies, aus dem der Nomade sich selber vertrieb, als er vom *Baum der Erkenntnis* aß, der Erkenntnis nämlich, wie Gottes Schöpfung am besten erschöpfend zu missbrauchen wäre als bloßen Rohstoff für bessere Schöpfungen der sesshaften Übermenschen.

Wer im großen Ganzen funktioniert, ist ganz dessen kleiner Funktionär. Wenn es Arbeiten geben sollte, die *nicht* erniedrigen, wären es Tätigkeiten, die zu nichts gut sind, die um ihrer selbst willen ausgeübt werden, nichts einbringen und ihren Sinn in sich selber haben – vor allem intellektuelle, gelehrte und künstlerische.

Wissenschaft

Einem ist sie die hohe, die himmlische Göttin,
dem andern
Eine tüchtige Kuh, die ihn mit Butter versorgt.

(Friedrich Schiller)

Die lateinische „industria" ist der deutsche „Fleiß": Die Industrie fordert und fördert noch immer einen Fleiß, den sie gar nicht ersetzt. Statt um sichere Arbeitsplätze zu kämpfen, kämpfte es sich aber weit edler um das Recht auf sichere Muße. Doch wer im Müßiggang aller Laster Anfang oder bloß seine innere Leere fürchtet, tut lieber alles, um nicht gar nichts tun zu müssen. Wenn sich von der Industrie den Wunsch nach idiotischen Statussymbolen genügend viele Dummköpfe einimpfen lassen, so dass sich teure Maschinen für den Massenkonsum erst rentieren, könnte der Verstand doch wohl zur Abwechslung auch einmal den viel schöneren Wunsch nach unbezahlbarer gebildeter Muße sich einreden lassen. Statt nach noch mehr Arbeitszeit zu gieren, um in „sozialen Netzwerken" weltweiten Schwachsinn auszutauschen, könnten intelligentere Sklaven nach viel mehr Freizeit rufen, um wirkliche Gedanken auszutauschen. Zeit ist nicht Geld. Wer viel Geld zu brauchen glaubt, hat keine Zeit zu genießen, was sich damit anschaffen lässt : Der Tagträumer könnte das viel besser als der Manager. Wer nun sein bisschen Verstand nur einsetzt, um seinen Wohlstand zu mehren, hat ihn schon verloren an die tolle Jagd danach. Das smarte „Kapitalverhältnis" zwischen den Menschen beherrscht sie wie ein Naturgesetz und ist doch von ihnen selber eingesetzt wie ein Strafgesetz.

In dieser schönen Zwickmühle hat sich der irre Neuzeitmensch selber verfangen und sich weisgemacht, dass alles andere schlimmer wäre oder ein

Rückfall in uralte Barbarei. Aber der Fortschritt, wie Walter Benjamin wusste, ist selber die Katastrophe, die er verhindern oder reparieren will. Und das Paradies war schon einmal da auf Erden, lang ist es her, und liegt noch in jedem Augenblick überall „gleich nebenan“.

Nicht die Industriearbeit schändet, aber der Glaube, sie biete dem kleinen Mann auf der Straße, wenn er nicht auf der Straße liegt, mehr Nutzen als Schaden. Die Nützlichkeit der allermeisten Arbeit heutzutage in den Hochindustrie-Nationen, mehr noch als in feudalen Ackerbaukulturen, ist so völlig sinnlos wie die hergestellten Produkte selber, die man sich zwingen muss zu brauchen, um seinen werten Arbeitsplatz ja nicht zu verlieren. Jeder verbirgt vor sich und anderen, wie sehr er sich vergewaltigen muss, für Dinge zu schuften, die er doch gar nicht zu brauchen wüsste, wäre er innerlich frei, frei von der Angst, auf der Straße zu liegen, als Abfall der Gesellschaft. Aber im Müll der Konsumgesellschaft einfach ersticken lassen sollte der kleine Mann seine hohen Herrschaften – und einfach seiner Wege gehen, wie der Hirtennomade der Steinzeit mit seiner Großfamilie unter Gottes freiem Himmel, wie noch bis vor zehntausend Jahren, um nicht ewig sesshaft „ackern“ zu müssen.

„Arbeit macht frei“ stand über dem KZ. Jeder wusste, dass es bedeutet : Arbeit vernichtet. Dieser Spruch könnte heute über jedem Firmentor stehen und in jeder Firmenbroschüre. Wenn totalitäre Regime wie die sozialistischen uns durch Arbeit vernichten, leben auch *freie Arbeitnehmer* heute in tendenziell totalitären Gesellschaften. Die Arbeitswelt heutzutage unterscheidet sich von der Sklavenarbeit früherer Zeiten vor allem durch den „freien Arbeitsmarkt“, also durch den blanken Hohn, zwischen Pest und Cholera ständig wählen zu müssen. Ein freier Mensch, der sich selber verkauft, arbeitet eben sehr viel besser als ein Sklave, der eingekauft wurde : Nur deshalb wurde er *befreit*.

Arbeitslosigkeit ist heute das Schreckbild der paradiesischen Muße, die die meisten Zeitgenossen als höllische Langeweile erleben und wohl keinen einzigen Monat lang ertragen würden, ohne mit allfälligen Depressionen zu Sozialarbeitern zu rennen. Solange Menschen mehr Angst *um* ihren Arbeitsplatz haben als *vor* ihrem Arbeitsplatz, der ihnen viel mehr Leben stiehlt als erhält, wird sich nichts Nennenswertes ändern an der „alten ökonomischen Scheiße“ *(Karl Marx)*. Wer sich freiwillig manipulieren lässt, hält sich für frei, und wer sich heute für frei hält, ist manipuliert. Selbsterhaltung durch Arbeit ist für den Normalverbraucher Selbstvernichtung durch Arbeit – und auch umgekehrt. Die heilige *Wettbewerbsfähigkeit* ist nur ein billiges Erpressungsmittel für gut „dressierte Arbeitstiere“. Mancher glücksritterliche Arme ist nicht gescheitert im und am Konkurrenzkampf, sondern bestraft für seinen Unwillen, am Rattenrennen teilzunehmen.

Was wird aus der „Kritik der politischen Ökonomie“?

Eines schönen Tages werden es hoffentlich genügend viele Leute völlig unverständlich finden, dass es Sterbliche gegeben haben soll, die gern und freiwillig lebenslänglich zu Industrietechnikern oder Agrarökonomen sich machen ließen, um auch nur ihr tägliches Brot verdient zu haben und nicht unter Brücken schlafen zu müssen. Wir arbeiten dummdreist begeistert für sinnlosen Unfug und hochgiftigen Krempel, für den auch nur den kleinen Finger zu rühren wir uns leider nicht zu schade sind und den ein freier oder stolzer Mensch nicht einmal geschenkt nehmen würde. Maschinen nehmen uns ja viele harte und öde Arbeit ab, aber mit der so gewonnenen Zeit wissen die allermeisten gar nichts Besseres anzufangen, als für noch Besseres noch mehr zu rackern, bis schon die Enkel es auf den Müll werfen.

Der Industrialismus weckt mehr neue teure Bedürfnisse, als dass er den alten Bedarf preiswert deckt. Eine Maschinenwelt aber, welche die durchschnittliche Höchstarbeitszeit des durchschnittlichen Arbeitnehmers nicht radikal auf eine einzige Stunde pro Tag reduziert, ist überflüssig bis volksschädlich. Der Bedarf von vorgestern produziert keine billige Massenware und Freizeit, sondern jede neue teure Ware produziert Konsumenten und neue Wünsche, die nur durch gleichbleibend hohe Arbeitszeit an immer raffinierteren Werkzeugen zu erfüllen sind.

Die unverkürzte Arbeitszeit wird mit jeder hochtechnischen Innovation nur immer produktiver und beansprucht die Nerven viel mehr als die Muskeln. Die Automaten schaffen leider keine ausreichend bezahlten und endlich „freigestellten“ Arbeitslosen, sondern nur höherbezahlte Arbeitstiere. Die Wissenschaft macht wenige klüger und die Mehrheit immer noch dümmer. Die demokratische Gesellschaft heute heißt : Mit höchstem Tempo wird das Tempo zügig gezügelt. Kurzum : Gesellschaft und Individuum verhüten einander auch weiterhin.

Vor sozialem Tod schützen nur noch Übersättigung und Überarbeitung. Wir wollen mehr leisten, um uns mehr leisten zu können, statt weniger zu kaufen, um weniger schuften zu müssen – und uns gratis auf kultivierteren Jagden zu vergnügen statt auf teuren Yachten zu langweilen. Maschinen, die uns nicht für schwere nutzlose Geistesarbeit freistellen, sind nutzlos.

Freiheit ist nur noch Wahlfreiheit zwischen Konsumgütern, doch die Mehrheit will mehr Zeit für ihre Familien und nicht für „ihre“ Firmen. Der allgemeingültige kategorische Sozialimperativ laute: Sei so frei und gönne dir nicht mehr, als *jedermann* auf Erden füglich beanspruchen dürfte! (Kein PKW für jeden Haushalt der Welt z. B.!) Und entwickle endlich Bedürfnisse, die nicht mehr zu befriedigen sind durch Roboten für einen „ökologischen Umbau“ der Industriegesellschaft, denn „Nachhaltigkeit“ hieße nur Elektronik der nächsten Generation, wieder nur ein profitables Projekt neuer Technologien. Das wäre lediglich dasselbe in Grün, ein endloses Malochen für den *schadstoffärmeren* Technologieschub der Zukunft – ad infinitum. Paul Watzlawick hat den modernen Fortschritt recht gut beschrieben : Immer mehr vom Immergleichen.

Der Zeitgenosse ist ja nicht zu gierig, seine Gier ist eher zu anspruchslos und zu bescheiden. Er gibt sich klaglos zufrieden mit mehr *umweltfreundlichem* Geld aus *erneuerbaren Energien*, mit einem *nachhaltigen* Arbeitsplatz an der Sonne. Wenn der Ruf nach gleichem Lohn für alle eine närrische Utopie sein soll, wie wäre es dann mit dem revolutionären Ruf nach einer menschenwürdig dotierten Fünfstundenarbeitswoche für alle?

Muss man erst ganze Weltkriege verlieren, um *Lastenausgleichsgesetze* zu erlassen? Wer mehr arbeiten will, als er für das Leben braucht, sollte sich lieber ganze Kulturen als größere Reichtümer erarbeiten. Wie einst der Adel von den Bauern lebte, könnte einst jeder kleine Scheißer von den Maschinen leben, wenn die großbürgerliche *leisure class* nicht vom Hof- und Schwertadel zum quirligen Stumpfsinn von Managern degeneriert wäre, statt sich etwa zum Geistesadel eines Larochefoucauld zu verfeinern.

Die Firmenkultur einer so modernen Sklavenhalterklasse lädt ja nicht zur proletarischen Demokratisierung ein, nicht einmal zur „Enteignung“, denn wer wollte sich mit diesem gefährlichen Ballast von Konzernen belasten? *Vergesellschaftung der Produktionsmittel* durch Betriebsangehörige wäre heute nicht viel mehr als eine Selbstverwaltung von Zuchthausinsassen.

Technik heißt nun : Der Arbeitslohn steigt schneller, als die Arbeitszeit fällt. Man bekommt schneller mehr Gehalt als mehr Freizeit – bestenfalls. Bei halbem Arbeitstag pro Woche bliebe natürlich kaum noch ein abschöpfbarer und abjagbarer *Mehrwert* übrig für die Enteigner, Unterdrücker und Ausbeuter, aber Investitionen in teure Automaten für billige Massenartikel blieben immer noch rentabel genug.

Dem Adel das Beste, dem Pöbel die Reste? Niemand sollte über Kapitalismus reden dürfen, der nicht über Industrialismus reden will.

Wer am Konkurrenzkampf um Reichtümer nicht teilnehmen mag, sollte keinen Existenzkampf gegens Verhungern führen müssen. Die Industrialisierung ist die Opfer nicht wert, die sie kostete, kostet und noch kosten wird, aber wenn sie schon nicht mehr rückgängig zu machen ist, sollte sie nun nicht Übersättigung durch Überarbeitung bedeuten, sondern gleichbezahlte Arbeitslosigkeit aller. Bis heute muss man zu viel Geld verdienen, um nicht zu wenig zu verdienen.

Man will heute in Bildung viel mehr investieren, aber nur in Bildung, die nach mehr Profit ruft und nicht nach mehr Muße für jeden. Die Höheren Bildungsanstalten des Landes sind jetzt überfüllt mit proletarisierungsbedrohten Mittelstandskindern, die oft begabtere Arbeiterkinder verdrängt halten. Eine Demokratie jedoch, die „bildungsferne Bevölkerungsteile“ unterfördert, ist eine von Expertokraten wissenschaftlich abgesegnete Elitendiktatur. Der

Klassenkampf ist hier keiner „Sozialpartnerschaft" gewichen, er wird nur noch rücksichtslos von oben geführt, in Verteilungskämpfen um Zugangschancen zu nationalen Fleischtöpfen. Bert Brechts „Fragen eines lesenden Arbeiters" wären Fragen des *Animal rationale*, des denkenden Arbeitstiers, nach Bildung, die nicht nur Ausbildung am Fließband für das Fließband wäre, sondern für erfülltere Emanzipation von jeder Fabrik. Die „Volksschulen" mutierten zu Volksverdummungsanstalten durch Popkultur von oben, und unsere Kirchen sind leider längst keine *Volkshochschulen* mehr.

Der Ausweg aus der Industriegesellschaft in eine Dienstleistungsgesellschaft schafft wieder bloße Diener, die Maschinen und deren Besitzer bedienen und eben nicht bedient sind. Höhere *„Lebensqualität"*? Viel höhere Freizeitquantität fehlt.

„Die industrielle Tendenz hat uns aus dem Feudalismus befreit, und die ideelle Tendenz wird sich aus der industriellen allmählich entfalten."

(Mediziner *Ernst von Feuchtersleben*, 1850)

Es wäre machbar, wenn nur eine demokratische Mehrheit mehr Freizeit im Überfluss als mehr Kaufkraft für Überflüssiges wünschen würde. Der Sachverstand hat längst Computermodelle durchgerechnet, wie eine allgemeine Freizeitmaximierung sich auf die übrigen Wirtschaftsparameter auswirken würde beim derzeitigen Arbeitsproduktivitätsstand. Dieser Ansatz, der der Arbeitszeitminimierung für alle die Priorität einräumt, hätte den Vorzug, weder für privatwirtschaftliche Preisgestaltung noch für sozialistische Verstaatlichung einseitig plädieren zu müssen.

(Ein „bedingungsloses Grundeinkommen" auch für alle arbeitsfähigen Rechtssubjekte wäre zu ungerecht gegenüber den Werktätigen, weil es nur einer Frühverrentung von Parasiten gleichkäme.) Also fortan entweder Beschränkung der Arbeitszeit und der Kaufkraft auf *vernünftige* Bedürfnisse oder nur Reduktion der Freizeit auf manipulierte Bedürfnisse nach Arbeitskraftreproduktion?

Man könnte erwidern, dass auch Gewerkschaften kürzere Wochenarbeitszeiten fordern – aber nur zu Zeiten geringer Arbeitskraftnachfrage. Sobald das Arbeitskraftangebot fällt, werden Gewerkschaften wieder flexibel weich und willfahren den Marktchancen. Sie sind unsichere Verbündete selbst kleiner Schritte zu allen radikalen Lösungen mit ausreichendem Erlös. Sie wollen im Zweifelsfall lieber weniger Arbeitslosigkeit als mehr Freizeit für jeden. Die gewerkschaftlich angepeilte moderate „Dreißigstundenwoche" will nur verknappte Arbeitsplätze auf mehr Arbeitslose verteilen; sobald wieder mehr Arbeitsplätze entstehen als Arbeitskräfte verfügbar sind, wird die Arbeitszeit – ob mit oder ohne Lohnausgleich – dann kampflos wieder erhöht. Auch Halbtagsjobs für alle wären da nur eine halbe Sache. Solange Gewerkschaften den Unternehmern freiwillige Lohnverzichte und un(ter)bezahlte Überstunden anbieten, um Arbeitsplätze zu retten, haben sie schon abgedankt. Maschinen, die uns die Sklavenarbeit nicht endlich abnehmen, sondern mit Luxusschrott und „Abwrackprämien“ nur vergüten, können uns gestohlen bleiben. Ein „geplanter Verschleiß“ der produzierten Waren tut sein Übriges.

Intellektuelle Arbeit kann nur ein Umdenken über die industrielle Arbeit anregen. Die Mehrheitsbeschaffer für solche Ideen sind nicht mehr die Intellektuellen, die Initialzünder und Spurenelemente sozialer Stoffwechselprozesse, sondern die Medien, der „Wesenskern der Gesellschaft“ *(T. Adorno)*. Der Rest ist eine bloße Organisationstechnik von Experten, wenn die Zielvorgaben und Rahmenbedingungen erst demokratisch legitimiert wären. Es wäre gar nicht sehr schwer, wenn sich nur genügend viele Menschen fänden, die es wollen. Bis dahin bleibt es eine Sache von Enklaven und Inklusen.

„Heute ist der gesellschaftliche Reichtum so groß, dass bei einer vernünftigen und wirklich auf die Interessen aller gerichteten Organisation der Produktionskräfte die Überwindung der Armut in der Welt in wenigen Jahren möglich wäre … Niemand leugnet, selbst die konservativen bürgerlichen Ökonomen nicht, dass in den entwickelten Industrieländern heute die Arbeitszeit entscheidend reduziert werden könnte, ohne dass das kulturelle und materielle Lebensniveau sich verschlechtern müßte.“ („Gespräche mit Herbert Marcuse“, Frankfurt/ Main 1996, S. 98)